JN228789

ヒマラヤ大聖者の心を癒すことば

ヨグマタ
相川圭子

文響社

はじめに

真理の言葉はあなたに知恵を湧かせ、あなたの心に気づきを与えます。それは目から鱗という言葉どおり、瞼の上が雲で覆われたように視界が限定されていた状態から、心が溶けて、神からの心をいただき視界が広がり、世の中全体、宇宙全体が見えるのです。

それは愛の目で見ることができるのです。究極のサマディとは瞑想の深い状態に没入して、さらに、源の存在とワンネスつまり、一体となり、本当の自分になるのです。真理になるのです。永遠の変化しない存在と一体になるのです。

究極の真理を体験するのです。それにより、心を超えて心の限界がとりはらわれ、自由な意識になるのです。そこからのメッセージがこの本に書かれています。

それは、あなたが苦しみから救われ、愛の人となるものです。

仕事がより充実します。生きる目的がわかるのです。あなたの中の生きるうえで起きるさまざまな疑問が、解き放たれます。そして、大きな意識の持ち主になることができるのです。

生まれたことが、本当に稀有な縁であり、そして人間に生まれてきたことで、こうして言葉が話せ、言葉を理解して、自分を高めること、知恵によって内側を輝かせることができるのです。この知識は真理の知識であり、永遠の存在からの変化しない普遍的な知恵なのです。

あなたが少しでも生きることに意味を持ち、そしてこの生をより有効に生きていただきたいと願います。

私は稀有な縁でヒマラヤの秘境で修行をし、最高の意識状態、究極のサマディを体験しました。ヒマラヤ聖者、私のマスター、グルの命により皆さんに真理をお伝えしているのです。

人類の進化の中でこの進化は最高の進化であり、天使になる進化、菩薩になる進化、人を幸せにする進化、何の苦しみもなく、愛そのものの人になり知恵が湧き出て、生命力のあふれる、満ち足りた人になるのです。

人の元々のクオリティはそうした、純粋で、輝くダイヤモンドのような資質を持つのです。

今、あなたの疑問がとけます。なんで生きているのか、あるいは、物が豊かだけれども、これだけでいいのかと。もっと成長したい、真理を知りたいとあなたの深くには、本来の渇望があるのです。

素晴らしい心をいただいたのですが、ともすれば物欲にまみれてしまい、何のために生きているのかわからなくなるのです。あなたのいただいたものをこの本の言葉の力で、気づきを深めて軌道修正してもっと楽に生きてください。

あなたがさらにディクシャを受けて、この言葉を生み出す源に達する。そうした生き方をしていただきたい、少しでも本当の自分に出会う本物の人を増やしたいのです。

あなたはこれをマインドで受け取るのではなく、魂の覚醒をするためにぜひ、マスターの導きを得て、実際の真理を体験する修行を始めることです。借り物の知識で、わかったつもりになると、それは大きな誤解を招き、あなたを驕りの人にさせてしまいます。

あなたが謙虚で、愛に満ちるためにはサレンダーし（委ね）、心を外し魂と一体になるのです。

そのためにはあなたの心を真理にサレンダーさせるのです。あなたの心より魂が上なのです。そこから生まれ、そこに還るのです。それが本当の自分になることです。マスターはその道をガイドします。それを歩くのはあなたなのです。

そして、自分を信じて生きていきます。私はヒマラヤの聖者となりました。真の自分になる道を実際に歩み、究極のサマディに達しました。この教えは世界共通であり、世界の人に今、このメッセージを届けています。

ヒマラヤ聖者が、何が特別かというと、あなたの中の真理を示し、そのエネルギーを分かち合い、実際にガイドできることです。そうした存在に出会うことが、今の世の中では不可能なのです。今、私との稀有な出会いで、あなたの悟りが身近になりました。

あなたは最高の意識に導かれ、成長することができます。あなたが真理の言葉に出会って震えるなら、ぜひそれを実際に理解するために、ヒマラヤシッダー瞑想を始めていただきたいと思います。あなたのために常に私は、手を差しのべます。

あなたの幸せを祈っています。

ヨグマタ相川圭子

ヒマラヤ大聖者の心を癒すことば
CONTENTS

第1章 内側から輝く美しい人になる

第2章

ヒマラヤ聖者の大きな力を感じる

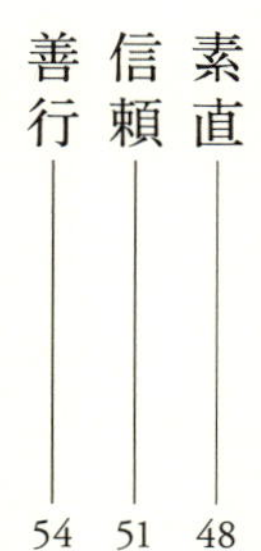

第3章

マイナスな感情にとらわれない

第4章

欲望のままに生きるのではなく、足るを知る

第5章

「本当の私」の人生を生きる

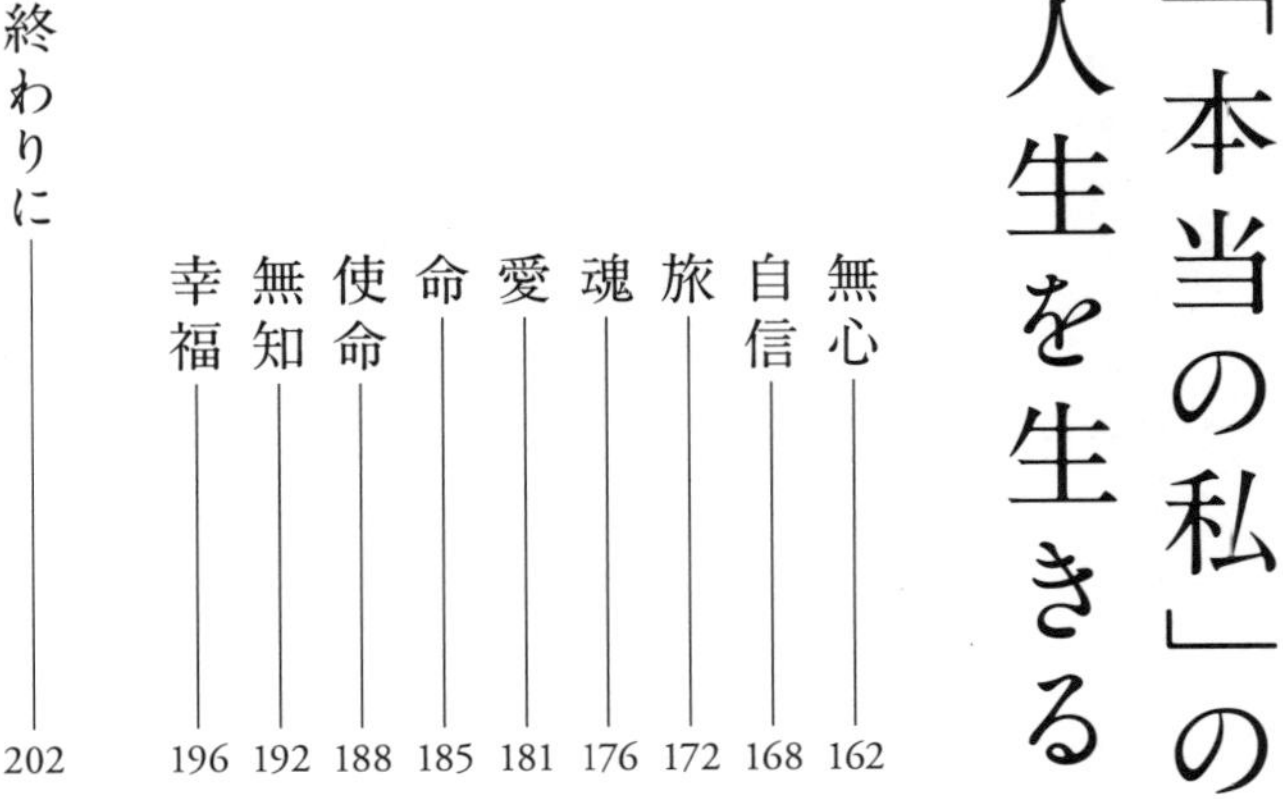

第1章

内側から輝く美しい人になる

幸運

運のいい人と悪い人がいます。違いは「カルマ」にあります。カルマがなぜ生まれるのかを考えましょう。人間及び宇宙のすべては源からの神の力「プルシャ」と、物質の素材の元「プラクリティ」が干渉して創造されたのです。

プルシャは宇宙のすべてを生かしている存在、神であり、ブラフマンともいいます。プラクリティという物質の元は濁(にご)っているもの、活動的なもの、純粋なものが合わさっている物質の母にあたる存在です。まずそれらの現象から音が生まれ、さらに空が現れ、偉大な根本の五つのエレメントの存在が現れたのです。見えないエネルギーの状態での十一の感覚の元が現れました。その微細なエネルギーの触れ合いから風が現れ、味の細やかな資質から水が現れ、視(み)る資質から火が現れ、臭いの性質から土が現れたのです。それらが集まって形ある宇宙の存在が創られていったのです。

人間もそのようにして創られ発達してきました。人間にはまず、私という存在が現れ、さらにエゴが現れ、心が現れたのです。最初に神によって生まれた人間は純粋な存在でした。その後、生きるために欲望が生まれ、いろいろ必要なものを集める行為でカルマが積まれて執着が生まれ、欲望が強まってきたのです。その欲望の行為は、心と宇宙に記憶となって刻まれたのです。その行為と記憶をカルマといいます。

記憶は種となり、再び次の行為になり現象を引き起こして実を結んだのです。このように長いプロセスを経て人間の活動がなされ、カルマといわれるものによって翻弄されるようになっていき、カルマの質で、幸運不運が決められていくのです。

日本語ではカルマを「業」といいます。カルマには体の行為、言葉の行為のほか、思いの行為があります。考え、思い、感じること、話すこと、行動すること。すべてが記憶の種となって体と心に染み付き、カルマとなっていきます。

良い思いで行うと良い結果が生まれます。良い思い（カルマ）が積み重なり、良い行為となり幸運なキャラクターになっていきます。幸運は「良い行為の結果」です。

カルマは、過去生からのカルマと親から引き継がれていくものがあります。それをサンスカーラといいます。あなたの運命を良くしていくにはサンスカーラを変える必要があります。しかし、サンスカーラをはじめとする記憶のカルマは普通には変えられないのです。

ヒマラヤ聖者、シッダーマスターは究極のサマディという人間の源に何があるのかという内側の旅を行い、源の神、真理を実際に体験して悟ったのです。宇宙の成り立ちを体験し、悟ったのです。体と心の仕組みを悟ったのです。人のカルマを浄める力でもある祝福する力や知恵を持ち、人を幸運に導く力を神から授かったのです。それらの秘法を持ち、それを伝授するのです。

まずサマディからの知恵をあなたに伝えます。あるがままのあなたを否定せず受け入れます。そのことで変化し始めます。また環境が良いと、良いカルマとなります。親から愛をいただきながら育つと、愛される人になります。親が善行を積むと、子どもにも良い影響が出ます。楽に素直に自分を表現できると、周りに感謝できる人になります。人の出入りのある明るい家庭で育つと、物怖じしない人になります。兄弟が多く、みんな仲よく育てば、聞き分けのいい人になります。

良い環境で生まれ育つと、良いカルマが受け継がれ、良い運命を引き寄せられる人になるのです。あなた自身が環境です。それを今、変えられるのがこの本との出会いです。

良い思いで行動することで
良いカルマが生まれる。
幸運は「良い行為の結果」。

運命

親や生まれ育ちは、変えることはできません。

生まれつきの容姿や能力も、変えることはできません。

では、どうすれば運命を変えられるのでしょうか。まず不平不満の心をやめて、与えられたものを受け入れるのです。

たとえば、背の高い木もあれば低い木もあります。高いから好きだとか、低いから嫌いだということはありません。

みな太陽の光を浴び、水を吸い上げて、個性豊かに生きています。私たちはその姿をどれも素晴らしいと感じます。

人間も同じです。生まれが違い、育ちが違い、それぞれ個性があるから素晴らしいのです。

足るを知る心や、あるがままを受け入れることを学びます。すると調和がとれて自

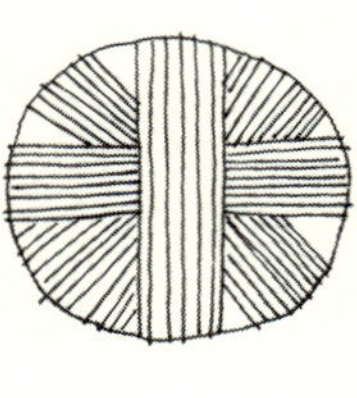

然になります。多くの人は、こだわりや不満などの否定的な心のブロックのせいで常に消耗しています。あれこれ心配をし、自分を責め、人を恨み誰かと比べます。エネルギーが消耗し疲れてしまっています。

運命を変えるには、心の執着を外していきます。まず自分のカルマを信じ良いカルマを積み続けます。ヒマラヤ秘教はあなたの運命を変え、プラクリティを純粋にして、幸運体質にしていく教えです。まず、高次元の存在を信じます。無限の力をいただいて、根本的性質のグナといわれる、変わらないと思われるプラクリティと、カルマを浄めることができます。悟りのマスターの祝福と秘法はそれを助け、心身を浄化し幸運体質にします。

インドではみな信仰をしています。見えない存在から力をいただき、守りをいただくために、神とマスターを信じます。生かされている中で運命を受け入れながらさらに修行をします。その中では貧しい人も幸せそうに生きています。

人は源にさかのぼり真理を知っていきます。それが人生を生きる本当の目的です。苦しみを取りカルマを変えるのです。無知のままで頭の理屈だけで生きようとしても、良い結果になりません。本質を体験していき、気づきを深めていくのです。

不平不満の心をやめる。
木の高さがそれぞれ違うように、
人間もみな違う。
ありのままの自分を受け入れる。

潜在意識

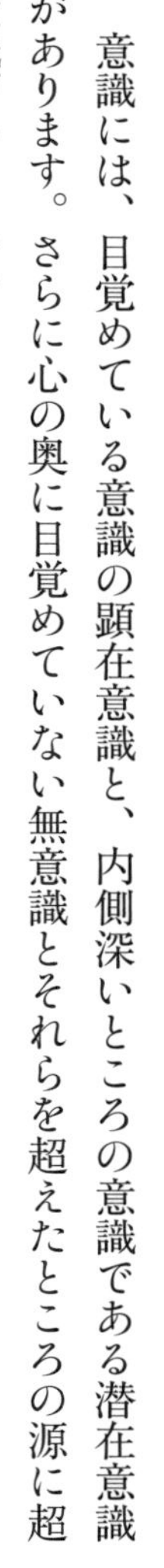

意識には、目覚めている意識の顕在意識と、内側深いところの意識である潜在意識があります。さらに心の奥に目覚めていない無意識とそれらを超えたところの源に超意識があります。

潜在意識には、過去からの行為の結果がすべて記憶されています。また知識も記憶されています。それは必要に応じて活性化し、使われていきます。

たとえば何かを強く願うとき、私たちは潜在意識を使って願うものを引き寄せます。潜在意識は膨大な力を持っているのです。

潜在意識の奥には、無限のパワーがあります。ここにつながって、自分を信じてやっていくと願いが叶うのです。

願いが叶わないとしたら、潜在意識が多くの否定の思いで埋まっているからです。過去に失敗した体験や、また過去生のものも含まれて、「できない」「むりだ」などの

否定的な思いや自信のなさに引っ張られているのです。

願いを叶えていくには、潜在意識を浄めて目覚めさせ純粋にします。理解をして否定的な思いを外すのです。あるいは良いメッセージを入れ、良い体験をたくさんして浄化します。ヒマラヤ聖者の祝福と秘法は最速で自然に深いところから浄めることができます。シッダーマスターが祈るサマディ祈願をしていただくと、純粋意識のレベルから願いがすぐ叶えられるのです。

「ヤギャ」というインド式の護摩焚き（ごまた）きで火の力をいただき、聖なる祈りや、「プジャ」という祈願で願いが叶います。祈願を出した人の潜在意識が浄められます。私のヤギャ祈願やプジャの祈りで人々の願いが叶っていきます。

ただし、祈願の依頼者が悪いことをして罪を重ねると、ふたたび潜在意識は汚れます。意識してあるいは無意識で人を傷つけると、悪いカルマが刻まれます。潜在意識に秘められた、無限のパワーによって願いを叶えるためには良い行いを積み重ねていく心の修行が欠かせないのです。

潜在意識に否定があると
願いは叶わない。
自分を信じることで
願いが叶う。

奉仕

「奉仕」はカルマを浄化します。神やマスターに捧げる行為をすると、高次元の祝福でエゴや執着が取り除かれ、心身が清らかになっていくのです。

奉仕や布施など捧げる善行は、見返りを期待しない行為です。無償の愛によって人を生かす生き方です。

無償の愛を与える生き方は、執着が取れていきます。エゴも外れていきます。心が純粋になり欲がなくなって、無心になります。

無心になり、宇宙を満たす愛のエネルギーにつながり愛で満たされ、可能性が開かれていくのです。

自分の大切なものを捧げるといいでしょう。お布施は直接的に執着やエゴを取る力があります。高次元の存在に捧げ祈りのセンターを建立したり、インドでは寺院を建てます。それはエゴを速やかに捨てる功徳になります。多くの人がそこで祈り、良い心となり救われます。捧げる布施は、自分の知識や才能で人を喜ばせるのもいいでしょう。

世の中を良くし、人の幸せに貢献する行為なら、小さなことでもいいのです。ただし、「人から良く思われたい」「名声が欲しい」という気持ちが入ってしまうと、布施や奉仕ではなくなります。善行とは言えなくなります。

自分でも気づかず、見返りを期待したエゴの心から親切をすることもあります。そうならないためには、功徳を積むことを意識し、宇宙的愛からの奉仕をするのがいいのです。功徳を積むことでカルマが浄まるのです。

奉仕は人を本当の意味で救う、意識が進化する助けが良いのです。その人が自分を信じ、内側から喜びが湧き自立した人になるようなことです。その人が源の本質、神につながり、最高の人間になる導きが良いのです。無償の愛と深い知恵からの善行は、人々の意識を進化させ、世界を平和へと導くのです。

自己と神にエゴをサレンダー（委ね）させて、無限のパワーと慈愛を引き出すことが奉仕です。

見返りを求めずに
人に奉仕する。
無償の愛を与える人になる。

心

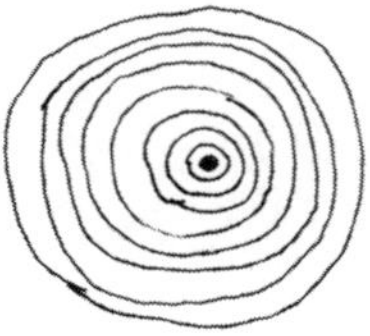

人間のすべての行動は心によってなされています。心は感覚をコントロールしています。感覚から情報を得て心が働くのです。目に映るもの、聞こえるもの、肌に感じるもの、においや味によって心が働きます。また心はいろいろな方向に働いていきます。いろいろなものを作り出します。

心は何にでもなれます。良い人にも悪い人にも、サルのように忙しい心になったり、阿修羅（あしゅら）のように悪い心になったり、神のように良い心にもなります。慈愛の心にもなり、親切にもなります。

心は思ったとおりになるのです。心は万能の才能を持っていてあらゆることができます。心は考え、想像し、イメージします。意志の力があり、そして心には記憶があるのです。その心には潜在意識がありそこに今までの人生、過去生を記憶しています。心の奥には行為というカルマによって作られた記憶が蓄積されているのです。

心にはこのようにいろいろな働きがありその結果が蓄積されて、源の本質、本当の自分を覆い隠し、曇らせています。その源の本質が心を動かしているのです。

また心の働きはギブアンドテイクです。与えたら返してもらうことでバランスをとっています。何かをしたら「もっと返してほしい」となります。心は恐れや不安があると、自己防衛をします。不足を発見して埋め合わせ、次から次へと欲を満たそうとして、欲しいものを引き寄せます。そのためにお金やモノへの執着があります。

五感を通して得られた情報でさらに刺激を受けて必要なものを集め、作っていきます。「もっともっと」と際限なく便利なもの、美しいものをクリエイティブに作っていきます。そこには常に競争が発生します。その競争についていかれず、苦しみ、誤解をして自他を責める人も生まれてきます。

そして怒ったり、あせったり、悲しんだりと心に翻弄されて生命エネルギーを消耗します。執着して病的なコレクションをする人もいます。過度の飲酒などは、心を満足させるための行為です。心の欲望が強くなってブレーキがかからなくなり、バランスがとれなくなっている状態なのです。

心を豊かにクリエイティブに使ってどんどん成功していく人もいます。一方競争に疲れて自分を責め、混乱している人もいます。心が満たされず悲しみ、イライラします。心に翻弄されています。心を磨くことは素晴らしいのですが、「もっともっと」と渇望し終わりのない旅になって疲弊していきます。

心は何かをくっつけると嬉しいのですが得られないときはその悔しさが残ります。心は望みを叶え、それに魅了されますが、それも束の間でまた飽きてしまいます。そういう心は命の働きを支えるものではないのです。それは命を消耗するものなのです。心の行為は命を生かす存在から遠くなっていくものなのです。

熟睡しているときは心も休んでいますが心臓は働き、何かの力によって生かされています。それは人の心の力ではなく、源の力、魂の力です。心は必要な時に使えればいいのです。

とは言え生きていくには、まったく心を使わずに無欲でいるわけにはいきません。お腹がすけば食べ物を求めます。お金もモノも必要になります。欲するものをある程度満たすことは自然なことです。

でも、心は執着しやすく、必要以上を取り入れる傾向があるのです。

心の執着をできるだけ外し、バランスよくフラットに使っていくようにするといいのです。そうすると平和で、疲れないのです。心を使いすぎたときや、心配事があると、疲れます。心の働きは、考えたり想像したり、クリエイティブに使います。肯定的な心であっても使ってばかりでは疲れます。また否定的な心はもちろん疲れます。まだ何も起きていないのに悪い想像をして心配したりすることで、どっと疲れます。

人の奥にすべてを生かしめている存在があります。すべてはそこから現れてきたのです。そこにつながり信頼して、心を浄化し純粋になります。そして、気づきを持って心を使い、さらに心にある執着を手放すのです。それが成長なのです。そして心が浄化されたとき、それを生かしめている存在、本質が現れるのです。

心を超えたとき、あなたは本当の自分と一体になり真理になるのです。そして、あなたは心のマスターになることができ、心を上手に使うとともに心に翻弄されない生き方ができるのです。

心は良くもなり悪くもなる。
心に振り回されずに、
心を使えるようになる。

人間関係

「人間関係」は学びです。

好き嫌いでジャッジするのではなく、どの人も尊い存在であり、神様が与えてくださった学びの存在だと感謝して出会いましょう。

そのためには、どの人に対しても、好き嫌いで接するのではなく、尊敬を持って自分に気づきを与え、愛を育ませ成長させてくれる人として見ます。

たとえば、相手から怒りを買ってしまったとします。

このとき、自分の中にも怒りがあります。何かを嫌悪する心があります。エゴや無意識のジャッジがあったかもしれません。競争意識が出ているかもしれません。恐れがあるのかもしれません。

自分を見つめます。「自分の中にまだ愛が不足している。そのことを学ばせていただいている」と気づきます。人はみな平等です。誰もが心の奥深くに本質の存在があ

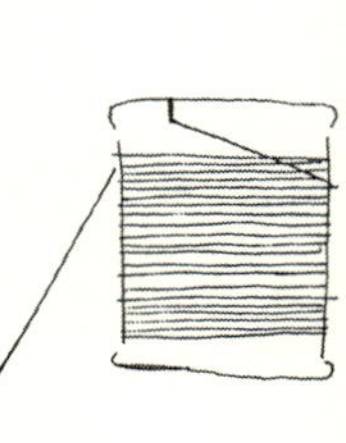

り、すべてを創り出す源の存在とつながっています。

源の存在とは神様です。宇宙の魂です。私たちはみな宇宙の魂から生まれた神様の分身なのです。

インド哲学では、源の存在である神様を「ブラフマン」と呼びます。英語では「至高の存在＝スーパーコンシャスネス」と言います。

この至高の存在の力、ブラフマンから魂をいただくことによって、私たちは見える形として創造されます。身体が発達し、心が発達して個人が現れてきます。平等であった魂は、心の選択でカルマを積んで個性が生まれます。好き嫌いや差別の心が生じるのも、記憶やカルマの違いがあるためです。

違いをジャッジしても、苛立ちや摩擦が起こって、ストレスになります。相手を学びの対象とし、心の奥深くにある神様に分け与えていただいた魂から、好き嫌いを超えた愛を放ちましょう。感謝と尊敬を持って対面していきます。

人はみな平等で、尊い。
好き嫌いを超えて、
どんな人にも
感謝と尊敬を持って出会う。

感謝

「感謝」とは、感じて謝るということです。

人は常に心を使って生きています。心は磁石のように引き付けたり、排斥したりします。気に入っても気に入らなくても、そこにこだわりがあります。相手に依存し、執着します。執着したものを「もっともっともっと欲しい」となります。

感謝するということは、お互いに尊敬してありがとうと言い相手に満足を与えて、依存や執着を断ち切り、充実した関係になることです。相手を思い自立するということです。

相手を喜ばせていい感じの人間関係になるのです。人に期待するのではなく、「十分いただきました。ありがとうございます」と心から感謝するのです。

感謝ができないでいると、常に相手に必要以上に期待して不平不満になります。

いくら与えられても、「まだ足りない」と相手からエネルギーを奪うことになります。誰も信頼できず、信頼もされません。つながれない虚しい関係です。

愛されていないと嘆くのではなく、自らの非を詫びましょう。驕りや怒りを省みて、心を進化させていきましょう。

自分を正していくために心を進化させます。それが感謝なのです。

感謝ができると、冷静に心を見つめられるようになります。「怒りを出していたな」「尊敬が足りなかった」とわかるようになります。人は自分の出しているエネルギーが見えません。どんなに不遜な態度であるか見えないのです。相手にだけ完全性を要求するのです。自分は不完全であるのに、です。

感謝をすると恨みや怒り、悲しみを理解し、何が必要なのかもわかります。人の気持ちもわかるようになります。良い心を育んでいけます。良い心が育まれれば、あらゆることに感謝が持てます。痛みがあっても、怒りがあっても、「ありがとうございます」と感じられるようになります。不愉快なことも苦しいことも、みな自分の中に原因があって、起こることはすべてその結果です。

すべて、自分にとって必要なことが起きているのです。

感謝とは反省し、学び、自分に足りないものを知るということなのです。さらに見えない恩恵に対する感謝という高次元の感謝があります。それは、その気持ちを捧げて一体になっていくのです。

水や空気など、私たちを生かしてくださっているものにも感謝を捧げます。手足や内臓が動くこと、健康であることにも感謝をします。

不健康だとしたら、感謝が足りないからかもしれません。不平不満が身体の不調を引き起こしているのかもしれません。

疲れているとき、「疲れた、疲れた」と言うのは不平不満です。ますます疲れてしまいます。心配事にこだわっていると、治る病気も治らなくなります。

自分のここが嫌いだと否定したり、持って生まれたものに文句を言ったりすると、生命力がうまく働かなくなります。みんな、病気が治れば「ありがとうございます」と感謝します。でも、これはセルフィッシュな祈りです。エゴを満たす醜いものです。

感謝とは、自分のための祈りであってはいけません。病気にもいやなことにも、エゴを落として愛を送ります。それが感謝するということなのです。

心からの感謝が捧げられると、無心になります。無心になると、至高なる最高の神様とつながれます。良い結果が生まれます。

無欲になってやるべきことをやり、欲もエゴも手放していくと、過去のさまざまな縁やつながりをやり直すことができます。

両親や兄弟、ご先祖様に愛を送り、すべての縁を感謝でやり直すと、悟りへの道となります。供養もそのひとつです。供養とは、いろいろな神様にお詫びし、感謝し、愛を送るということです。

神様を拝むのは、ご利益をいただくためではありません。自分や家族だけの幸せのためでもありません。

感謝によってエゴを落とし、人々のために祈り、体と心を浄めるためなのです。そしてシッダーマスターへの感謝は何よりの供養となり、祝福をいただけるのです。シッダーマスターはあなたに真理を説き、心の疑いや疑問、また自分が一体誰であるのか真理を説いて啓蒙し、暗闇から光へのガイドをしています。

シッダーマスターの存在を信じ供養することは、愛と感謝を捧げ、自分が浄まりサレンダーできるありがたい機会なのです。

「もっと欲しい」はやめる。
すべてに感謝をすることで、
依存と執着を断ち切る。

美しさ

美しさには体の美しさ、心の美しさ、さらにハートの美しさがあります。肉体的に美しい、バランスがとれて姿勢が良く生命力にあふれている美しさがあります。力強い美しさもあるでしょう。何か可憐さに美しさを感じる人もいるようです。肉体の、骨格や筋肉、あるいは内臓のバランスがとれていると美しいのです。

外に現れたもので、どこが不調和で病気なのかということがわかります。顔色や肌の質、肉体のバランスです。エネルギーでわかります。運動した人と、また瞑想をした人は違うと思います。カルマがヒマラヤ秘教の修行で焼かれると、輝きが増します。本当の美しさはにじみ出ます。慈愛を持って道徳的なことを実践している人はどうでしょうか。その人のカルマによって優しさがあり、親の生き方や、環境が影響することもあります。本人がどういう生き方をしたかで違います。美しいものを見て育ったり、兄弟の中でどういう立場かでも性格が違います。

また家業や、自分がやっている職業でもいろいろ性格の違いが出てきます。それぞれの個性が美しいと思います。気が利いて自分のことだけではなく、周りの人のこともできる心も美しいでしょう。あるいは、自分のことを責任を持って行う、文句を言わない、やさしさがある人もいいでしょう。そして相手の幸せを祈るといいのです。さらに内側から愛がにじみ出るように、周りの人の幸せを願うといいでしょう。

真の美しさのためには、内側の修行をしてハートを開きます。すると内側から、美しさがにじみ出てくるようになるでしょう。瞑想を進めていくと内面の美しさがダイヤモンドのように輝き、心が美しく、また体も美しくなり、外側まで輝きが放たれるようになります。

あわせて、清潔は大切です。インドでは神様に会う前は必ず沐浴、体を浄めます。インドで風呂に入るのは体を洗うという意味より、心を浄めるという意味が深く、体を洗うのは必ず朝です。夜、風呂に入るのではなく朝祈る前に行うのです。毎日体を洗い、清潔にしましょう。

年を取るとカルマがたまって、加齢臭や、体臭がします。自分のことはわからないのですが、清潔にしましょう。食べ物も純粋なものを食べて、細胞の中が汚れないように、心も優しさを持ちます。人に不快感を与えないよう、きれいにしておくことが大切です。ごてごて、けばけばするということではありません。外側にこだわって飾り立てると心が疲れます。厚塗りすればするほど時間もかかりますし、心が荒れて、肌も荒れてしまいます。

美しさは、身体だけでなく、心をしっかり浄めなければ得られないのです。心の修行では外側の行為を浄めること、正しい行為をしていくことも大切です。人を傷つけない、うそをつかないといったことです。またヒマラヤシッダー瞑想をすると、カルマが焼かれ、心身が浄まります。感謝と愛で満たされ、学びや気づきに出会えます。

細胞の毒が取り除かれます。細胞が変容してそのものが輝きます。恐れも怒りも悲しみも、卑屈な心もすべて抜けて、ただハッピーになります。美しい人に生まれ変わるのです。

褒められたからうれしいとか、欲しいものが手に入った満足とはまったく別の喜びです。真の喜びが、心を超えた源から泉のように湧き出てきます。そういう人は美しく見えるのです。私のところで修行する人たちも、入ってきたときよりきれいになっていきます。ディクシャというシッダーマスター、ヒマラヤ聖者からのエネルギー伝授でカルマが浄化されてきれいになります。また研修や、とくに合宿を受けた後は、深いところから気づき、カルマが取り除かれ、年よりも若くなりきれいになることも目の当たりにしています。

それは深みのある安らぎに満ちた顔になります。生命力にあふれた、覚醒した柔和さと知恵を持った、はっきりした顔つきになります。皮膚がつやつやになり、姿勢がよくなり、声もクリアになり、自信に満ちたはっきりした話し方に変わります。

ギラギラした元気さではありません。やたらと明るいわけでもありません。静けさの中に力強さのある、バランスのよい美しさです。

生まれつきの美貌があっても、ただ生きていてはストレスが溜まり、やがて、バランスがとれなくなると、さえない顔や常に不満を抱えたいわば意地悪そうな顔になります。感謝がなくて何か自他を責めてストレスが溜まっていくのです。

本当の美しさとは、ヒマラヤ秘教の魂の修行の中で訪れるのです。

清潔にすること、
正しい行為をすることで、
内側から輝く。

癒し

多くの人は疲れを癒すために、入浴やマッサージをします。血行がよくなれば、体が温まり新陳代謝が活発になり、それなりに疲れは取れるでしょう。

でも、心の疲れまでは取れません。こだわりはほどけないのです。

どうしたら癒すことができるのでしょうか。

心がすべての自分を作っていますから、疲れる心の持ち方をしているのではないでしょうか。

自分がどんな心を持っているのか、わかっているつもりでわかってません。結果を気にして行うと、一生懸命やっていたのにと疲れてしまいます。

楽しんで行うといいのです。心を楽にして行うのです。自分ができないことを責めていることもあります。あるがままの自分を受け入れ自分を許します。

「自分はダメだ」「もっともっとこうならなければ」という気持ちではなく、「これで

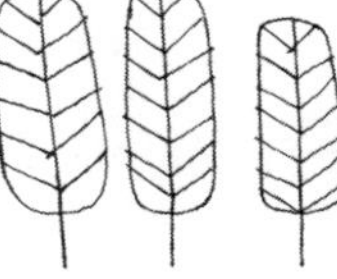

いい」と自分を認めます。愛を与えます。周囲の人にも親切にします。するとと相手から喜ばれます。感謝されます。寂しい気持ちがなくなります。心の癒しが得られるのです。自分から積極的に良いエネルギーを出していきます。相手からも同じエネルギーが返ってきます。そうした循環の中から癒しが生まれてきます。

自分を愛します。自分自身をメンテナンスしていきます。癒しを相手から望むのではなく自分がそういう存在になっていくのです。源につながり、神様からの愛をいただいて癒されると良いのです。源につながり愛をいただくためには、先に述べたように自分で自分を許します。あるがままの自分を受け入れます。そして神を愛し、周りの人にも愛を送っていくのです。その愛が自分をも癒していくのです。神の愛を引き出し、愛で満ちて癒されていくのです。

身体も神様からの借り物です。感謝して扱っていきます。修行を積むことで自分を浄め癒しながら、使っていきます。積極的に周りに愛を出し、真理の道を歩むと、大きな癒しが訪れるのです。神様からのディバインパワー（神聖な力）がいただけ、宇宙的な愛で周囲を癒し、自分もどんどん癒されていきます。

疲れる心の持ち方はやめる。
楽しんで心を楽に行う。
自分へ愛を向ける。

素直

「素直」とは、強がらない心を持ち、心を無くすということなのです。

自分の心を無くすとは、無感動の人になるということではなく、不平不満やエゴを無くすということです。それは本当の自分に溶け込むということ、つまりすべてを知っている存在、神にすべてをお任せして、楽に生きるのです。

神様、真の自己に「サレンダーする（委ねる）」と言います。それが悟りの始まりです。このことができたなら人は悟ることができるのです。多くの人は、私がやった、私のものと執着して頑張って頑固になっていきます。

「自分の力で生きている」「すべて自分でやっている」という気持ちではなく、見えない力によって生かされているということを理解するのです。

見えない力とは、親の力、ご先祖様の力、自然界にあるさまざまなエネルギーでもあります。神様のエネルギーでもあるのです。

見えない存在に生かされていることを知り、「ありがとうございます。よろしくお願いします」と謙虚になるのがサレンダーするということなのです。

誰しも自分の意見があります。主張もあるでしょう。しかし、それを押し通そうとするとエゴになり、それで消耗しストレスになります。

職場で人間関係などがこじれるのは、意見や価値観を振りかざすからなのです。自分が正しく相手が間違っているかもしれません。それでも相手の深いところを認め、学びをいただいていると聞き、必要なことは取り入れ、不要なら流していけばいいのです。サレンダーできるようになると、争いがなくなるのです。エゴが落ちて、素直になり人を理解できるようになります。知恵や直感が働き、他人にコントロールされなくなります。

サレンダーするということは、悟りの知恵につながり、正しい判断をして、正しい道に導かれていくということなのです。神と本当の自分にサレンダーできると、さらにエゴが溶けて、悟りに向かうことができるのです。素直さとは悟りに向かう大切なキャラクターなのです。

「自分の力で生きている」
と思わない。
私たちは見えない力によって
生かされている。

信頼

心は磁石のパワーです。真理を信じます。心の信仰は変化します。信じることは魂を信じるということです。「自分を信頼する」とは、自分の心や価値観を信じるということではありません。心を超えた、奥深くにある永遠の存在を信じるということです。

心というのは常に変化します。今日の考えと明日の考えは違うかもしれません。しかし心を超えた永遠の存在は変化しません。

永遠に変わらない、自分を守ってくれている存在を感じて、「大丈夫」と肯定的に信じていくことが、自分を信じるということなのです。

多くの人は常に、自分の心につながっています。ですからここぞというときに、心が動揺してしまいます。パニックになります。右往左往して深い自分を信じられず周りの意見に翻弄され、わけがわからなくなってしまいます。

自分の中の揺れないところにつながるのです。

私のところでは、純粋な存在、至高なる存在につながる方法を伝授します。それがヒマラヤ聖者の教えです。信じることが大切です。そして瞑想の秘法と祈りを伝授してさらに自分が揺れない純粋な存在になる生き方をします。瞑想の実践で迷いの原因になる心をよく理解して、常に心が安定して不動の心で過ごすことができてきます。人は常に心があちらこちらに泳いで不安になっているのです。

知識人は見えない存在、神を信じなさいといっても素直に受け入れられません。ですから「自己の悟り」、本当に自分を悟ることを実践すると良いでしょう。自分の中に神様の分身があって、それを信じそれになっていくのです。自己の悟りに向かい無限のパワーが感じられると、信仰心が養われます。不動の心になり、さらにパワーをいただき楽に生きていけます。

悟りのマントラをいただくと、自己の悟りがより促されます。マントラはマスターが与える特別な力です。聖なる波動を持つ言葉です。マントラは無限のパワーへと橋渡しをし、魂を目覚めさせるのです。

自分の中の揺れないところ、
変わらないところを信頼する。

善行

人は生きて成長していきます。教育を受け、人間として成長するために自分を磨いていきます。生きていくために生活に必要なものを求めます。ヒマラヤの教えでは、真の成長とは純粋な人になっていくことです。心身を作るプラクリティという素材を純粋にしていきます。そして、その奥にある魂に出会っていくのです。

そのための生き方は、人に親切にすることです。神聖なパワーにつながり、その祝福をいただき、それを出していき神聖な人になっていくのです。無償の愛を差し出していきます。人は感覚と心を持って、それを使って楽しみ、また執着をして生きています。しかしこの道は、執着を作らないで自由になり、純粋になる生き方です。人はもともとすべてを神から与えられ、恵まれた存在です。神につながり、神の愛をみんなに差し出していくのです。

感覚をコントロールするために気づきを深めます。捧げる修行をします。瞑想をし

ます。音の波動や、特別な呼吸法であるクリヤで、プラーナという生命エネルギーによる浄化をしてカルマを浄め、純粋になっていきます。外側の行為の布施をしていきます。自分の大切なものを布施します。捧げます。技術や知識を分かち合ったり、寺院を建てたり、人を助けているところに布施をします。つまり、このように生き方全体を善行にしていくのです。

普通、人間はギブアンドテイクという、与えてまたもらうという交換する生き方をしています。それはカルマを積む生き方です。人はもともと満ちているのですから、ただ与えるのみ、お返しを期待しない生き方をしていきます。それが進化した生き方になります。ただ輝く太陽のように生きるのです。

今までの価値観に縛られていると差し出すと減るという思いがあり、最初は大変なのですが、満ちた本質につながって無償の善行を実践していくと、善行そのものが喜びになります。人の喜びがうれしくなります。

自己防衛や評価されたい、心の喜びのための親切ではありません。そして人の命が輝くように、人の意識が進化するような道、悟りの道へとガイドするのが最高の善行です。無知のまま生きていれば、感覚や心の欲望、怒りに翻弄されて苦しみ、汚れて死んでいきます。しかし、それは本来の道ではありません。人を救い、瞑想し、祈り、波動を磨き、純粋になっていけば、生まれ変わることができます。

私は究極のサマディで、そのことを悟ったのです。サマディで時間を刻まない、永遠の今にいる体験をしたのです。肉体の機能がすべてストップし、時空を超えて、私たちを生かしめている神様と一体になったのです。死を超えて永遠の存在になる体験です。

もともと人間は純粋な存在だったのです。そこにすべてがあり、何もいらないのです。長い生まれ変わりの中でカルマを積んで、純粋な魂が曇りに覆われてしまったのです。しかし、そのことを知って良い行為をしていけば、人間は変われるのです。祝福を受けながら善行をすることで変容できるということを発見したのです。

誰もが厳しい修行ができるわけではありません。でも、私が究極のサマディを体験したそれをシェアすること、それを信頼することで、日々の行為、心身の使い方で良いエネルギーを増やし、悪いエネルギーを取り除いていくことができるのです。

ヒマラヤの恩恵は、あなたを進化させて生かす救いの知恵なのです。

人はもともと満ちた存在。
ただ輝く太陽のように、
ただ与えるだけの存在になる。
ギブアンドテイクをやめる。

第2章

ヒマラヤ聖者の大きな力を感じる

聖者

聖者とは出家して、神、真理を求めていく人、あるいは真理を体験した人のことです。インドでは出家の修行者を「スワミ」「サドゥ」などと言います。ヒマラヤ聖者は究極のサマディを成した存在でシッダーマスターと言います。

聖者とは出家をして常に神を信じ、神に出会いたいと心身を正しく使い、純粋に生き、純粋になるための道を歩んでいる人です。

宇宙の大いなる存在から分かれたプルシャというすべてを作り出す源の存在と、源のすべての物質の元のプラクリティが出会いそこから創造が始まり、いろいろな創造物が創られました。プラクリティの性質は重たいもの（タマス）、活動的なもの（ラジャス）、それに純粋なもの（サットバ）とそれらが混ざり合っています。

その性質を、修行によって神のように純粋にして、神と一体になり真理を体験していく人が聖者です。聖者は常に神を信じ純粋に生きていきます。慈愛を持ち、神とマ

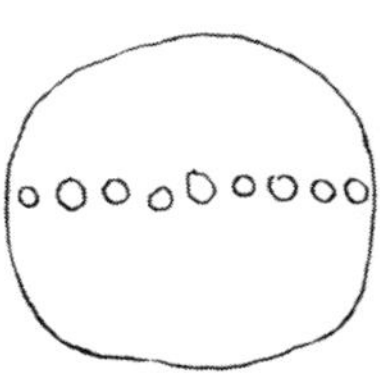

スターを慕い真理に向かいます。常に執着を取り、悟りを目指し、意識の進化を図るのです。インドではこうした人々が多くいます。その数は二千万人にも及びます。そして、その道で何らかの成功をした人は、さらに人々をガイドしています。

一般の人は社会で家族を作って、必要なものを集め、心と体のカルマの願いを叶えて生きて、社会を支えています。聖者はその人たちの精神性を支えるために、精神的な生き方をしているのです。

聖者はカルマを浄め、純粋になっていきます。日本において社会で生きる人と、出家をして社会の人の精神性を支えるという助け合いのそのすみわけはできませんが、社会の中で、純粋になろうと瞑想や祈りを行うことや、精神的な成長の生き方をすることは環境を浄化して、人の集合意識のレベルで環境に影響を与えることになります。聖者は積極的に人の幸せを祈って、社会で生きている人を支えようとしていきます。

聖者の中でも悟りを得た人は、さらに人々を浄めることができる存在となります。ヒマラヤ聖者は究極のサマディで究極の悟りを得て、シッダーマスターとなり、人々を浄め、さらに意識を引き上げ、救う力を得ました。その存在は精神的指導者で、サンスクリット語でグルといいます。「グ」は暗闇、「ル」は光という意味で、人々を暗闇から光に導く存在です。特に悟りのグルをサダグル（純粋な先生）といいます。

グルやマスターなどの聖者は、知識を教えるだけなく、修行で得たエネルギーから知恵や愛を与えることによって、人々を悟りの道へと導いていきます。

聖者の存在なしに修行したり瞑想したりすると、カルマの中を右往左往してしまいます。良くないエネルギーに引き寄せられてしまいます。

人間の心の中には、過去生からのいろいろな体験の記憶があります。瞑想すると、内側が目覚め、それが溶けて消えていくときに現象化することがあります。否定的なものを抱えていると活性化されて、同じようなクオリティのものを引き寄せてしまいます。

心には、同質のものを引き寄せてしまう、磁石のような性質があるのです。たとえば、欲望が湧いて何かを欲しくなり、手に入れたいと思います。それを手に入れるために体が行為を起こして買いに行きます。思いの種が行動を引き起こすのです。その行動が体験になり、体験は記憶されて、心に録音テープのように刻まれ、否定的な怒りやトラウマなども残されていくのです。

そして何かの拍子でそれが刺激されると、現象となって表れるのです。そして怒りなどが思い出され、似たエネルギーを持つ人を引き寄せます。

類は友を呼ぶのです。怒りやエゴがある人はそうした人を呼び込み、人生が展開していくのです。マスターとつながることで悟りのエネルギーで、良い方向に導かれ浄化されます。怒りやエゴが出てきても、「許そう」「気にしないようにしよう」と思えるようになるのです。

マスターが与える愛の言葉や教えによって、恨みや憎しみなどの暴力的な感情を手放し、感謝の心を選択できるようになります。

今、世の中では瞑想がブームです。自己流で修行する人もいます。

でも、瞑想では感覚が敏感になります。心の中には何が潜んでいるかわかりません。

危険なものがイリュージョンとして出てくることもあります。

正しいガイドなしに、不確かな気持ちで瞑想を行うと、悪いものを呼び寄せ、心に

悪い影響を与えてしまうこともあります。自己流だと成長しません。瞑想も同じです。

正しく瞑想して心を浄めるには、聖なる波動を持つ、聖者のガイドが必要です。

聖者とは常に
純粋になろうとしている人。
聖者の助けを借りて、
瞑想する。

ヒマラヤ

瞑想し、修行するということは、自分の心と体の中を浄め純粋にして、その奥にある神に出会うことです。心の曇りを取り、悟る体験をしていくのです。

ヒマラヤには素晴らしい、手つかずの純粋な大自然があります。それは神が創ったものであり、人工のものがないのです。そのように純粋に、人間もなっていくのです。多くの聖者がヒマラヤで修行をしました。今なおサマディに入っている行者がいます。

ヒマラヤには美しい空があり、山があり、川が流れています。澄んだ空気は純粋で、神秘の力に満ちています。

ヒマラヤ聖者はそこで厳しい修行をして自らを浄め、純粋にして自然である神と一体になったのです。そして大自然の恩恵に目覚め、生きる力を得たのです。

文化が発達し、世の中は便利になり、モノが溢れています。いろいろなものを欲してそれを得て、それに依存して生きています。人工的で不自然になっているのです。

瞑想をして浄めることで、何かに依存していることに気づくのです。

人は本質を忘れてしまい、何が本物なのかわからなくなっています。常に心の欲望に翻弄されてあれこれ探しあぐねていることを当たり前と思っています。

いろいろな依存を手放し、内側を浄め、執着を取り純粋な自分に返っていきます。さらにすべてを生み出す源に戻って深い休息にはいるのです。お母さんのおなかの中にいたときのような、安らぎです。

たとえばお家に帰ったら、服を脱いで、誰にも気を使わず、リラックスした状態になります。純粋になって休息できます。あるがままの、気を使わない自分になります。本来の純粋な姿に戻ります。怒りやこだわりを捨てます。愛がいっぱいになります。

自分の中をヒマラヤの手つかずの大自然の静けさにするとは、ゴチャゴチャになった心を整理し、自分をリセットし、充電することでもあるのです。瞑想で充電したエネルギーは、自己満足や執着を満たすためのみに使うのではないのです。生きるために仕方がない部分がありますが、真の幸せのためには良いエネルギーを蓄積していくのです。善行を積み、捧げる生き方のために使います。ストレスをためてエゴが強くなるような生き方では、せっかく浄めた意味がなくなってしまうのです。

瞑想することは、
ヒマラヤの大自然のように、
純粋な存在になること。

宇宙

人間の体は土・水・火・風・空でできています。宇宙を構成する五つの要素です。人間も宇宙も同じ素材でできています。

肉体は土の要素でできています。

土の要素がしっかりしていれば、生命力にあふれた力強い体になります。スポーツ選手など肉体を活動的に使う仕事に就く人は、土の要素が強い人です。

水の要素は、血液や体液などの水分で、感情の豊かさを司(つかさど)ります。芸術家など感性豊かな人は、水の要素が強い人です。

火の要素は、物質を燃やし、変容させ、違う物質をつくります。体内で化学変化を起こし、新陳代謝を促します。火の要素が強い人は、熱く燃える情熱の人です。

風の要素は、生命エネルギーである「プラーナ」を運びます。

プラーナは日本語で「気」と呼ばれ、呼吸によって体内に取り入れられます。目に見えないところで、すべての機能を働かせます。

風の要素が強いと心は激しくなり、穏やかだと穏やかな心になります。

空の要素は、執着や束縛のない自由な状態を司ります。空の要素を多くしていくと、執着のない人になっていきます。真の聖職者は空の要素が多い人です。

五つの要素は混在していてその多寡(たか)によって濁ったり、純粋になったり、活動的になったりします。

瞑想によってこの要素を浄化して純粋にします。

意識が進化することで次第に心の執着が溶けて空の要素が多くなっていきます。これが悟りへの道となるのです。

人間も宇宙も、
同じ素材でできている。
「空」の要素を増やすことが
悟りへつながる。

月

月は心と関係があります。月は陰陽の陰で癒しの力を与えます。

月の満ち欠けは心の変化を表します。満ち欠けによってエネルギーが変わります。元気になったり静かになったりします。

満月は特にパワフルです。エネルギーが強くなります。心も体も満ちて、愛も満ちて、活発になります。

こういうときに瞑想すると、より多くのエネルギーがいただけます。

タントラという修行では、夜中に月のエネルギーを受けながら瞑想します。月の癒しのエネルギーが心の進化を助けてくれます。

満月のときには願いも叶いやすくなります。心の内側のより深いところに願いがインプットされ、心の奥にある源の力をいただきやすくなるからです。

新月もパワフルです。満月とは逆の静かな力です。心が消極的になります。活動も

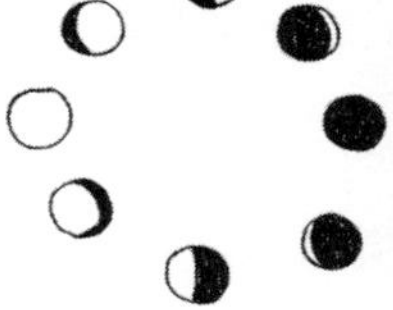

低下します。エネルギーを蓄え、内なる力がみなぎるのです。

そうした月の満ち欠けをよく知るのがヒマラヤ聖者です。「ハ」とは陽のエネルギー、「タ」とは陰のエネルギーです。そうした宇宙のエネルギーのバランスをとるところからハタヨガが現れました。月のエネルギーは太陽に比べて安らぎのエネルギー、癒しのエネルギーです。そうした月のエネルギーのもとで修行をします。ただしマスターなしの修行は危険です。

現代は、夜も明るくなりました。自然のリズムに反する生き方をしてしまっています。心を使いすぎています。心身のバランスが崩れ、病気になってしまいます。

正常に戻すには、意識的に自然を取り戻さなければなりません。体の中に月のエネルギーと太陽のエネルギーがあります。そのバランスをとるのがヒマラヤ秘教のヒマラヤシッダー瞑想なのです。陽のエネルギーを強め、陰のエネルギーを強め、さらにバランスをとることが重要になるのです。

悟りへの教えを学ぶために、月の満ち欠けとともに暮らしてみましょう。

月の満ち欠けのエネルギーを感じながら生活する。

瞑想

瞑想は、一つの対象に集中して精神統一をします。それに集中しきって、それを超えて溶けていきます。そのプロセスで心の中にある思いが外れて、心が空っぽになります。

でも、心はすぐに空っぽにはなりません。

心は長年使っていたので執着があり、常に心を使い連鎖していろいろなことが気にかかり、心配したりしています。

何も考えずに、ぼーっとしているようでも、何かしら考えています。考えが浮かんでしまいます。意識が内側ではなく外側に向いてあれこれ散漫になっています。

体の中には、いろいろなエネルギーが混在しています。重い質や、活動的な質、それに純粋な質が混在していて、心を純粋に空っぽにするのは大変なことなのです。

心を純粋に空っぽにするには、段階があります。まず日頃、いろいろな否定的な問

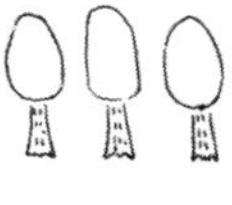

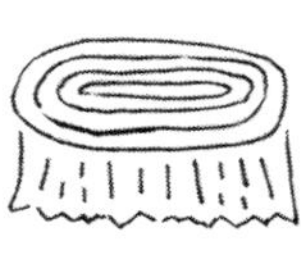

題が生じないように心を正しく使っていきます。何かに対する好き嫌いをなくし、すべてに感謝します。嫌悪しないで、学びをいただいていると思います。ヒマラヤ秘教の教えには、あなたを整え浄める生き方の教えがあります。悪いことを考えずに感謝して、愛を使います。心が悩まないで、平和になるように使います。悪いほうに意識が向かないように無心になります。

ヤマ、ニヤマという道徳的な体と心の行為の教えがあります。戒めの規律です。自他ともに悪いカルマを積まないように、心と体を汚さないように生きていきます。非暴力、人のものを盗まないこと、また誠実であること、清潔にすること、そして自己と神を信じることです。このように瞑想のために心身を正しく使って準備をするのです。

ヒマラヤの聖者は究極の瞑想に成功し源に達し、真理を体験しました。宇宙の成り立ちがわかったのです。そして人間が何をすべきか、どの生き方が真に幸せになれるのかを知ったのです。そして瞑想は今まで積んだカルマを浄め、リセットして本来の美しい心と体を蘇えらせてくれるのです。気づきを深め、自分の状態を知って源にさかのぼっていくのです。それが本来のあなたであるからです。

ヒマラヤ聖者の存在はあなたを目覚めさせ、教えと修行法で真の幸福と悟りをガイドするのです。マスターとともに座ることで瞑想が起きます。シッダーマスターは源と一体になった存在であり、心身を浄めつくしそれを超え、神となりそこからの愛とパワーと知恵をシェアしているからです。マスターにつながり、信じることで心の曇りを取り、気づきを与え、変容を与えてくれるのです。あなたの中の本当の自分を目覚めさせ、源への道を示しているのです。

マスターとともにあることで、そこからの祝福をあびて瞑想が起きるのです。また積極的に各種修行秘法をいただき、瞑想を行うたびに感覚と心と体を浄めて心の執着を取っていき、空っぽにしてくれるのです。そして本当の自分に向かい、それになっていくのです。それがヒマラヤシッダー瞑想です。

瞑想修行の実践で、いろいろな執着が外れ、気づきが増していろいろなことがわかってきます。私たちの意識は普段、あまりにも外を向きすぎています。自分の心の中に何があるのかが、わかっていません。

瞑想の実践によって、心の働きに気づき、正しい心の使い方をして心の姿勢を整えれば、人は自ずと安らかになっていくのです。

普段、意識は
自分の心の中を見ていない。
心に気づき、
心を空っぽにするのが瞑想。

変わる

すべてのものは変化します。見えないところから次第に現れ、形あるものになっていきます。いろいろなものが、結合したり離れたり、新しい物質を作ったりして変化していきます。形のあるものはやがて変化し、分解して形のないものになっていきます。宇宙の存在はすべて、大いなる存在から生まれ、やがて変化して消滅していきます。大いなる存在から現れた展開は、創造と維持と破壊というプロセスを経るのです。人間も変化します。生まれて、年を取って、死んでいきます。

すべての変化は、成長していくための変化です。病気になることも、治そうとしてバランスをとるための良い変化です。人間は心をいただきその心は変化していきます。それは因縁の法則、カルマの法則で動いています。心の記憶の原因があって、そこから引き出される行為が結果を結び、喜んだり悲しんだり、何かが得られたり、得られなかったりします。生きることは変化していくことです。

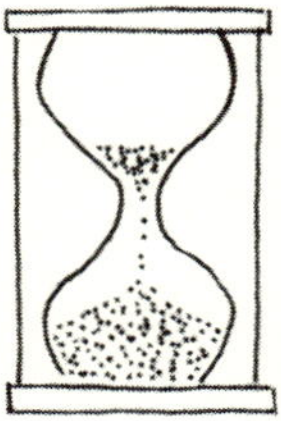

目覚めて良いものを選択し、それが原因となり、さらに良い結果につながります。今までは自己防衛で選択していました。良いものを選択します。それはエゴのレベルではなく、真理のレベルからの選択なのです。

ヒマラヤ聖者の恩恵で、修行をして心の曇りを浄め執着を取って、セルフィッシュな心から宇宙的な心になり、意識を高めることができます。

心は欲望で常に何かを欲しがり、常に計画し、心を使いすぎます。常に渇望し、それが得られずに苦しみ、やがてエネルギーを消耗して、心が朽ち果て孤独になります。どんなに人や物が豊かにあって幸せであっても、誰もがこの世界を旅立つ時がきます。それらは持っていくことができないのです。そして老後、生命力がなくなり、体が、心が朽ちて苦しむのです。

そうならないためには、真の磨き方をします。心の奥にすべてを生かしめ、心を生かしめている存在、大いなる存在があります。それは神です。心には計り知れない過去生からの記憶があり、また今生の記憶があり、それが曇りとなって、あなたの源を覆っています。そのために源が目覚めていないので、人はさまざまな苦しみを背負って生きているのです。

この覆いは深い闇であり、本来どうすることもできないのですが、ヒマラヤ聖者の恩恵でそこを突破して、あなたはスピリチュアルな人に生まれ変われるのです。内側を目覚めさせ、源につなげ目覚めさせ、新しい生き方、神聖な生き方ができるのです。さらにその曇りを取りながら苦しみのない生き方ができるのです。

新しい生き方は慈愛を使っていくのです。周りの人を助け、親切にします。ヒマラヤ聖者の恩恵で無限の力を得て生きることができます。そして太陽のように、生きているだけで人を助けるような存在になります。周囲に勇気を与える、安らかな存在です。それ以外にも若返り、理解力が増し、感謝が湧き、人生が充電されます。

特に五十歳からは、「ねばならない」とがむしゃらにやり続けるより、スピリチュアルな生き方を目指すのです。今は消費の時代です。人生も消費されます。才能も消費されます。次々と職業を変えなければならないのかもしれません。

でも、純粋にする生き方で周りを助けるともっと楽に仕事がきます。仕事が回ってきます。心を使って「仕事、仕事」と焦って考えすぎないことも大事なのです。あなたは心を超えて神につながり、マスターにつながり、スピリチュアルなパワーをいただいて生きることができるのです。

より良い作品づくりのために皆さまのご意見を参考にさせていただいております。
ご協力よろしくお願いします。

A. 本書を最初に何でお知りになりましたか。

1. 新聞・雑誌の紹介記事(新聞・雑誌名　　　　　　　) 2. 書店で実物を見て 3. 人にすすめられて
4. インターネットで見て 5. 著者ブログで見て 6. その他(　　　　　　　　　　)

B. お買い求めになった動機をお聞かせください。(いくつでも可)

1. 著者の作品が好きだから 2. タイトルが良かったから 3. 表紙が良かったので
4. 内容が面白そうだったから 5. 帯のコメントにひかれて 6. その他(　　　　　　　　　　)

C. 本書をお読みになってのご意見・ご感想をお聞かせください。

D. 本書をお読みになって、
良くなかった点、こうしたらもっと良くなるのにという点をお聞かせください。

E. 著者に期待する今後の作品テーマは?

F. ご感想・ご意見を広告やホームページ、
本の宣伝・広告等に使わせていただいてもよろしいですか?

1. 実名で可 2. 匿名で可 3. 不可

ご協力ありがとうございました。

郵便はがき

料金受取人払郵便

芝局承認

6889

差出有効期限
2020年12月
31日まで
（切手は不要です）

105-8790

東京都港区虎ノ門2-2-5
共同通信会館9F

216

株式会社 文響社 行

フリガナ	
お名前	
ご住所 〒 都道府県 区町市郡	
建物名・部屋番号など	
電話番号	Eメール
年齢 才	性別 □男 □女

ご職業（ご選択下さい）
1. 学生〔小学・中学・高校・大学（院）・専門学校〕 2. 会社員・公務員 3. 会社役員 4. 自営業
5. 主婦 6. 無職 7. その他（ ）

ご購入作品名

生きることは変化すること。
良いものを選択し、
本当の自分を磨いていく。

修行

修行と聞くとおどろおどろしく聞こえますが、あなたを真の幸福と悟りに向かわすための生き方のことです。あなたを最高の人間にする生き方のことです。食べることや、住むところを作ることは動物もしていること。あなたは意識を高め、より良い人格になるために生まれてきたのです。この人生を真の成長のために生きるのです。経済的に豊かになるためのみに生きるのではなく、より良い社会と世界を作るための人間になっていくのが良いのです。

あなたの体は小宇宙です。宇宙と同じ素材でできています。大宇宙を知り、調和するためには、小宇宙を調和させ、そこから現れるものを良いものにします。

意識を進化させ、悟るための最高の歩みには、外側の修行と内側の修行があります。外側の修行は、良い行いの勧め、人が喜ぶ行為をするなど、人とのかかわりの外側への行為を善行にします。良い考えを持ち、良い言葉を話し、良い行為をします。

行為はあなたというキャラクターを作り、次の行為に影響を与えます。ですから、人が発展し社会が平和になる行為をします。それがあなたの中に功徳を積み、平和にするのです。

内側の修行は瞑想し、源の知恵とパワーをいただき、内側を浄めて気づきを深めていく修行です。いただいたパワーを、慈愛の形で外に流します。周りの人を助けていくと、自分がどんどん浄まっていきます。外側の修行が進みます。

このように、外側と内側の修行を、バランスよく行うといいのです。

私たちの中に、私たちを生かしめている存在があります。未知の力があります。そのことを人は知りません。それで人は常に頑張りすぎ、自己防衛をして不安を持って生きています。外側の形あるものに依存する。変わるものをかかえこみ、本質を知らず、深いところの恐れを隠し、時に満たされないで嫉妬や怒りや悲しみを作りながら生きています。そうした心に翻弄される生き方から神につながり、本当の自分につながる。神、高次元の存在を信じて力をいただいて、心を浄め、守られ、安心して生きていきます。

今ここにいることができ、本質につながって楽に生きられるようになります。否定的な心につながらなくなります。愛を感じて、愛を出せるようになります。良い結果が得られます。

瞑想も修行も、常に生活の中で心がけるようにします。つねに毎日の暮らしの中で、あるいは仕事をしながら、愛をシェアし、感謝をして、信頼をするのです。瞑想的な良いエネルギーでいるようにします。常に純粋な生き方をするのです。

瞑想は内側への旅です。内側は見えないので、何が待ち構えているかわかりません。正しいマスターに出会って、内側に入り、そこを浄めていく波動を伝授していただきます。日々、今を生きる気づきを行っていきます。

修行は神を信じ、悟りへの道を進む教えと秘法を信じて続けて行うのです。それは苦行ではありません。幸せになっていく、新しい癖をつけるための行為です。運命を改善する行為です。源の純粋な存在につながり、内側から愛を汲み出す素晴らしいものなのです。深い自分を信じ、神を信じ、マスターを信じ、完成していくのです。

修行は、
幸せになるためにするもの。
良い行為と瞑想で、
外側と内側を磨く。

カルマ

修行を重ねると、良いエネルギーが出せるようになります。カルマを浄めて運命を変えていくことができます。

今生と過去生の体と心の行為や記憶をカルマといいます。カルマは心身に刻まれています。あなたがどこに生まれるかの記憶、また未来に起きる事象がカルマです。

私たちはカルマによって何度も生まれ変わり、カルマの願いを実現しようとしていきます。あるいは罪を償おうとしていきます。このことをヒマラヤ秘教や仏教では「輪廻転生」と言います。

私たちは今生きている「今生」だけではなく、数え切れないほどの過去生を生きてきたのです。そのカルマを浄化するのがヒマラヤ秘教の修行なのです。

内側の見えないところにある、心に刻まれたカルマを浄めることができるのが、ヒマラヤ秘教の教えと実践です。究極のサマディを成就したシッダーマスターはそれをガイドします。カルマを浄め、それを超えて真理に出会う道を示しています。その道を歩むことで、幸せになることができるのです。真の悟りとは、カルマを浄化し本当の自分になり、真理を実際に体験することなのです。

見えない内側からの波動ですべてが決まります。それは心が作り出すのです。心の思いと同じ質のものを引き寄せるのです。カルマを変えるためには、心の中に蓄積された思いを純粋にしていくことが必要なのです。自分のカルマに気づくことが大切です。カルマが悪いほうにいかないようにコントロールするのです。良いカルマを積めば良い運命になります。そうしたカルマを信じます。それがカルマを変えるのです。

日々の行為を正しくしていきます。良いカルマにしていきます。正しい行為を行い、正しい考え、正しい言葉を使うようにします。体の良い行為、心の良い思い、言葉の良い行為を行います。神を信じ、家族をいたわり、感謝し、尊敬し、互いに支え合っていく努力をします。

カルマを変えるには、マスターを橋として、真理の道を歩みます。マスターからカルマを浄める瞑想法や、さらにエネルギーのセンターを浄める瞑想法、そして悟りへの瞑想法をいただくことができます。マスターと瞑想法を信頼して実践していきます。

高次元の存在につながると、そこからの助けで楽に良いカルマを実践することができます。

ヒマラヤの教えを学ぶことは、膨大な時間をかけて刻まれてきたカルマを浄化する、一番の近道なのです。多くの人は内側を浄めることを教えられていません。宗教でも、浄めるのではなく、教えを守るというこだわりを作ります。それは純粋になることではないのです。悟りへの道、マスターを橋として歩み、それを信頼していくことは思い込みを外して純粋になることなのです。

真の悟りが向こう側にあるのです。マスターの示す橋を信頼して、迷いなく進んで、実践していくのです。あなたのカルマを浄め、あなたを幸せにしてくれる永遠の真理に出会うのです。

変化しない存在、そこはすべてが満ち、愛と平和があるのです。そこに向かって歩み続けるために生まれてきたのです。カルマを浄めるために生まれてきたのです。

カルマは過去の体と心の
行為が刻まれたもの。
日々の良い行為と瞑想で
カルマを浄めていく。

浄化

カルマは心にも体にも積み重なり、それが魂を覆って曇らせています。本質の純粋性が心の曇りで覆い隠されています。

それらのカルマの働きで、エネルギーが消耗していくのです。魂が心の曇りに覆われているので、そこからのふんだんなパワーも引き出せないのです。純粋な愛や知恵、生命エネルギーが現れないのは、カルマに翻弄されているからなのです。

修行は、心を覆う曇りを取り除くことです。心と体を浄化して純粋にするのです。

シッダーディクシャはヒマラヤ聖者からの悟りのエネルギー伝授をいただき、心身が浄められ生まれ変わります。その時、伝授していただくマントラ（聖なる言葉）は神聖な波動であり、カルマを浄化して苦しみを取り除いてくれます。そのマントラを修行でずっと使っていくことで、精神統一になり、さらに瞑想になっていき、心が次第に浄化され、さらには悟りに向かっていくのです。

アヌグラハというヒマラヤ聖者を通していただく神の恩寵の浄化力があります。シッダーマスターを信頼することで、それをいただけます。アヌグラハクリヤ秘法は、シッダーディクシャで伝授するプラーナの秘法です。カルマを焼く浄化力が強く、心を空っぽにします。

またシッダーマスターは、シャクティパットを与えることができます。それはマスターの存在そのものからや、手や目、言葉から祝福をいただき、心身の深いところにパワーが与えられ、浄化して生まれ変わるのです。

宇宙を創り出した存在、神の無限の力は、マスターを橋としてその人のゆるぎない信じる心で引き出されます。あなたは高次元からのパワーをいただき、心を離して楽になることができるのです。この世界が神によって創造されたということを信じる力がないと、驕りの人になります。あるいは、自信のなさから卑屈な人になります。

人はみな心のみを使い生きています。その心は不安定で上がったり、下がったりしてエネルギーを消耗します。心の思いに翻弄されて常に気分が変わり、人間関係もうまくいきません。

あなたの奥深くに動かない永遠の存在、神があり、それにすべてが生かされています。その存在の尊さをガイドするのがヒマラヤ聖者です。神とシッダーマスターを信じ「お守りください」と祈ります。見えない存在を信じて褒め称(たた)えます。心が肯定的になれば、パワーが生まれてきます。あなたの源に愛があります。源につながり、愛を持って話し、慈しみの心で接すれば、信頼が生まれ良い関係になります。

多くの人には嫉妬心や怒りや比較の心があります。自分のエゴで行動しています。信仰の力がないと、心が右往左往してしまうのです。

シッダーマスターは神へ、本当の自分への橋となって祝福を与え、心につながらないように、そして今まで蓄積したカルマの浄化と、これからカルマを積まない生き方をガイドします。

新しい生き方はシッダーマスターの存在と教えと秘法を信じ、浄化で浮き上がる古い心の働きにつながって翻弄されないように流していくのです。良い行為をして、常に感謝をして悪いことを考えない、高次元の存在を愛するのです。新しい生き方、愛を選択する生き方、平和を選択する生き方です。そうすることで安全で最高の浄化が起きて変容し、悟りへ向かっていくのです。

見えない存在を信じる。神様にすべてお任せする。

パワースポット

最近は、自然の木や、海外の遺跡などがパワースポットということで、足を延ばしそのご利益を求める人が増えています。神社仏閣巡りや巡礼などは、気分転換になるかもしれません。そしてヒマラヤは、世界で一番美しいパワースポットです。そこに厳しい修行、究極のサマディの修行をした聖者や、究極のサマディに達した聖者がいます。今なおサマディに没入している聖者が何人もいるのです。しかし、そこに至るのは大変なことです。

私はヒマラヤで修行してヒマラヤ聖者のシッダーマスターとなり、今、日本にそのヒマラヤのパワーを持って帰っています。私はヒマラヤ秘境で7年間苦行を行い、心身を浄化し死を超え、すべての呼吸をコントロールし、純粋意識になり、神と一体になって究極のサマディを成就しました。ヒマラヤ秘境のあちらこちらでそれを繰り返していきました。

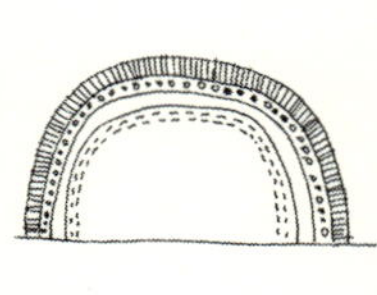

その後、平和と人々の意識の進化のためにインドで、毎年1回か2回、17年間にわたって公開でアンダーグラウンドサマディを行っていきました。地下窟で、深い究極のサマディに3日ないし4日間没入して、復活します。何万人、何十万の人々が、サマディ没入時とその期間中、さらに成就して復活した時に祝福のパワーを受けにきました。究極のサマディを成した聖者そのものと場所がパワースポットとなりました。そこには寺院が建てられ、多くの人がパワースポットとしてお参りするのです。

インドの人たちは、シッダーマスターを家にお呼びしてお浄めをいただきます。その家族が祝福を受けられるのです。ダルシャンは聖者との出会いです。聖者が訪れたり、また聖者の住まいでダルシャンが行われるとパワースポットである聖者から祝福をいただき、お浄めをいただくのです。私の行く所もパワースポットとなり、いつも多くの人が聖者に会うことで、祝福を受けて幸せになれるのです。インドでは、特にヒマラヤ聖者を家に招き供養して祈り、祝福を受けるのです。

そうした力を得るには信じることが大切です。信じることでパワーをいただけるのです。また自分が浄まることで、さらにそれを受け取ることができます。

ヒマラヤ聖者は心身を厳しい修行で浄め、神と一体となったのです。そして皆さんを浄め、変容する力をいただいたのです。マスターのいるところ、また修行をしたところ、マスターが身に着けているもの、タッチしたもの、見たもの、マスターが座っている部屋、マスターのいるところはパワースポットになります。マスターの存在そのものがパワースポットです。マスターの言葉、タッチによって変容します。

シッダーマスターの祝福をいただくとともに瞑想秘法をいただき、修行でさらに心の曇りを浄め、本質の性質を引き出していきます。愛が湧き、知恵や平和が湧いてきます。ヒマラヤ聖者、シッダーマスターのパワーを受けてそのことが起きるのです。それこそが悟りからのパワースポットの恩恵です。

この本を縁に、あなたの中の何かが変わり始めます。それは本に込められた純粋な知恵と愛からの祝福が起きるのです。この本がパワースポットになるのです。真理の言葉があなたに気づきを与え、エゴがほどけます。あなたのカルマを溶かし、本質からの安らぎをいただけます。

さらにあなたの本質に出会い、あなた自身がパワースポットになる修行を始めると良いのです。それは純粋になる生き方です。その中に瞑想があります。あなたの中の純粋な存在、本当の自分に出会っていきます。そこには無限のパワーがあるのです。

あなたの中に神が宿ります。あなたの肉体は神を安置する、神社です。心身を浄化して美しく保って、神をたたえ、感謝します。すると本質のあなたが、光を放ち、この肉体と心を光で照らして満たすのです。つまりあなた自身がパワースポットになることができるのです。

まずは、しっかりマスターにつながり、マスターから祝福をいただいて、過去生から積み重ねた、魂を覆う心の曇りを溶かしていきます。信じてさらに瞑想秘法をいただいて瞑想を始めます。日々感謝をし、自分を愛し、その愛が先祖や周りにいきわたるように、良い心を使っていきます。自分の可能性を信じるのです。このように自分を磨き、浄め、平和になっていくのです。

まず呼び水となる、マスターを大切に愛し、信じます。そして自分自身が目覚めるため素直になります。

自分が源とつながり、純粋になって悟りを得ることとは、自分だけでなく家族や世界を平和へと導きます。ヒマラヤの教えを学び、「パワースポット」になる人が増えれば、世界は少しずつ浄化されていくでしょう。

自分の本質に出会うことで、
自分自身がパワースポットに
なれる。

第3章

マイナスな感情にとらわれない

精神性

インドでは、多くの人がカルマを浄化し、神を信仰し、精神的に進化したいと願っています。また神に出会いたいと、悟りたいと思っています。心を常に浄化して精神性を高めることを大切に考えるカルチャーです。多くの悟りの聖者を生み出したインドには、仏教の開祖のお釈迦(しゃか)様も生まれたのです。釈迦牟尼仏陀(しゃかむにぶっだ)に関してこんな逸話があります。

仏陀が王宮を出て、東西南北の各門を見ると、一つの門には老人が、別の門には病人が、また別の門には死者の姿がありました。これを見た仏陀は、「この世は苦娑婆(くしゃば)だ」と、救いようのない悲しい気持ちになったのでした。

ところが仏陀は最後の門に何も持たない聖者の爽やかな様子を見て、内側から輝く姿を感じとり、聖者の生き方にこそ自分の求める何かがあると思ったのです。

彼は釈迦族という王様の家に生まれ、何不自由なく暮らし、教育され、結婚し、子

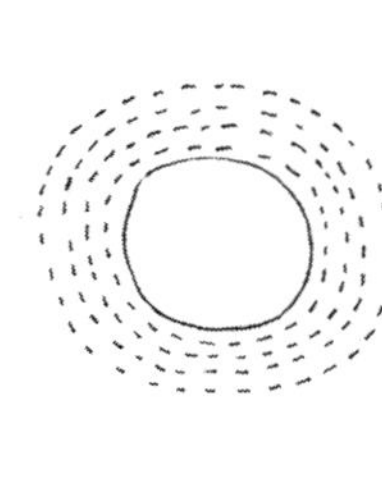

どももいて贅沢な生活を送っていました。しかし、仏陀はそうした生き方に幸せを感じられず、本当の幸せを悟るために出家したのです。このようにインドには今も、また大昔から真理の探究をして出家する人がたくさんいます。また一般の人も神に出会いたいと願っています。日本人は、そんなことを考えません。お金持ちになりたい、異性にもてたいなど、物質的な豊かさを得るのが幸せだと思っています。精神的なことは未だ多くの人は、それほどは考えないといえるかもしれません。

見えないところに未知のパワーがあり、すべてはそこから創造されたのです。そのことを実際に悟っていくと、もっと知恵と愛を目覚めさせて自由に楽に生きていけることに気づかなければなりません。物質での幸せは感覚と心の喜びであり、変化するものなのです。もっと意識を進化させ、愛をシェアし、智慧（ちえ）を湧かせ、内側からの豊かさを求める生き方があるのです。

欲望によって物を集めても、それは心の喜びであり、平和にならないのです。欲望や怒りや無知というエゴを浄化し、心に翻弄されない、純粋で愛に満ちた豊かな精神性を育んでいくことで平和の心にしていくことができるのです。

物やお金を集めても
心の平和は訪れない。

怒り

相手と争ったり、怒りをかって、いじめられたり、自分の中に怒りがくすぶってい たり、そうした心のからくりがわからず常に人間関係が大変な人もいるようです。

私のところで、ディクシャを受け瞑想するようになり、自分が変わることで、相手からいじめられなくなり、親切な言葉をかけられるようになったと報告がきました。これは自分が変わると、相手が変わるということです。

相手を変えるのは大変なことです。このケースのように人は自分では意識しない心にいろいろ抱えて、相手の状況によって自分の中に、何かが引き出されたり、また相手に何かを引き起こさせたりするのです。無意識の自分の感情が人から不安と否定的な心を引き出し怒らせたり、自分自身にも怒りを引き出させたりするのです。

自分のことはわからないのです。自分がどうしたら状況が変わるのか、自分をどう変えたらいいのか、それがわからない。みんなが成長していくと良い社会になっていきます。人をジャッジせずに思いやりと慈しみの愛を出していくのです。

また人の怒りに出会ってしまう時は、自分を見つめるチャンスです。何かの不信感や恐れがそうした現象を引き寄せてしまっているのかもしれません。相手は自分を映す鏡なのです。そこに何があるのかに気づくことで成長していけるのです。ヒマラヤの恩恵は、高次元のエネルギーで人の恐れや不安など、もろもろの自分でも気づかない否定的なエネルギーを作り出す元を変え、すべてが楽になっていきます。

人の中の怒りはどんな時に出るのでしょうか。自分の期待したものと違うとき、相手の力不足や、自分の力不足でも怒りが出ます。自分が望んでいるもの、愛や物や、休みが得られないと怒ってしまいます。心の価値観に翻弄されているのです。

もっと、理解や、許しや待つという姿勢が必要です。愛を育むことが大切です。人とは価値観が違うので、意見の衝突があります。理解と、思いやりと許す心が大切です。心から自分の深いところの純粋性を信じ、相手の良いところを信じていかないとならないのです。自分の悲しみや怒りなど、あるいはまた相手の怒りを引き出してしまうことがないように自分に気づき、内側を満たしていきます。人からは満たされないし、怒られても怒っても自分が満ちていないのです。

内側に気づき、自分を癒すために、瞑想をします。自分を信頼し、また相手の信頼を出させる自分になります。相手に期待したりするのではなくカルマを焼いて心を平和にして、空っぽの心で今ここにいる状態になります。自己を信じ、神を信じ、何が起きても、神様がやってくださるから大丈夫、すべてお任せしていればいいという気持ちで心を外して、自分とあるいは人と向き合うのです。

相手が自分の鏡だと気づくのは、とても高度なことです。相手の怒りを自分が引き出していると考えることは、高度な理解力を必要とします。

すべては自分の心が引き寄せ、作り出している、自業自得なのです。相手のせいにしないで気づき許すこと、価値観はみな違います。性格は小さい時に形成されています。原因は親や環境に関係があるのです。心を超えた真のあなたは純粋で、自信に満ちています。そこにつながります。深い純粋な自分を信じ、今にいて心を超える修行をします。常にこだわらない宇宙的な愛の人になっていきます。

相手は自分の鏡。
すべては自分の心が
引き寄せている。

後悔

後悔は、反省に変えます。失敗から何を学ぶかを考えてみます。

夜寝る前に、神様にお祈りします。今日も無事に過ごすことができありがとうございました。そして、自分の行動について見つめます。愛があったか、驕りはなかったか、集中力はあったか、準備不足ではなかったか。一つ一つ見つめ直してみます。周りの意見を聞かなかったかもしれません。自分の価値観で突き進んでしまっていたかもしれません。

周りがどういうことを望んでいるのか、周りと協調して行動できたか、振り返って考えてみましょう。そして、それが否定的であるなら神様にお詫びをしましょう。もっとこのいただいた命を大切に使うことができるように、バランスを考えます。偏っていないか、エゴのレベルではなく、自分を手放した冷静な心で見てみるのです。

神様、高次元の存在の知恵につながるのです。「どうぞ知恵をください」とお願い

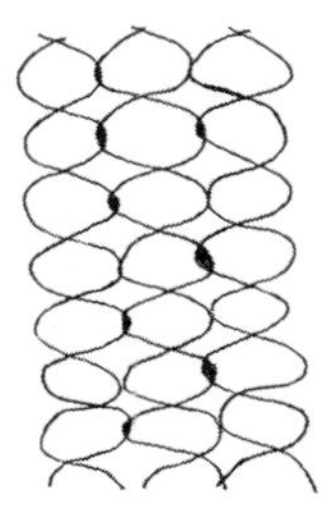

します。謙虚な気持ちで「お任せします」「力を貸してください」と祈ります。こうすると、余計な力みがなくなります。驕りの心がないか、宇宙の法則に則(のっと)っているかどうか、わかってきます。源を信じます。そうした高次元の存在が見ています。

反省は「お任せの心」でするといいのです。

誰しも思いがあります。意見があります。でも、自分の思い込みや価値観はエゴです。偏っています。

心があると、エゴの曇りとなります。偏ったり、正しく見ることができなかったり、不注意があり、相手の立場を考えられなかったりします。一生懸命でも、正しくとらえられていないで失敗します。祈りを持って反省すれば、失敗しても誠意が伝わります。

後悔は、祈りの中で反省に変えて、謙虚さを学ぶチャンスにしましょう。すべては学びで何の無駄もないのです。さらに知恵を働かせ、鳥瞰(ちょうかん)するために瞑想を行い、心を浄化して、宇宙意識となることで、常に落ち着いて失敗せず、またそこに後悔もなく、すべてはベストを尽くして行った、尊い学びの機会になるのです。

謙虚な気持ちで、「お任せの心」で反省する。

欠点

人の欠点や不足は気になることが多いのです。黒い点は見えすぎてしまいます。自他の欠点にこだわってしまうと、躊躇(ちゅうちょ)して、足を引っ張られます。また自分の欠点にこだわると自信のなさにつながります。傷口が大きくなります。

背伸びは必要ありません。できないところは、周囲の人に正直に話して、「お助けください」という気持ちでシェアしていけばいいのです。

そもそも、自分の欠点に気づくというのは進化することです。自分の欠点には、普通自分ではわからないものもあります。一つの癖でそれを通してバランスをとっているのです。あるいは好きなことのみを行っていると、苦手なことが浮き上がって周りからは欠点に見えるのです。無意識でありカルマなので、誰かに指摘されてもまた気づいても、どうしていいのかわからないのです。

またわかっている欠点をプライドの高さから隠そうとするより、欠点にとらわれず、誠実に一生懸命になるほうが輝く生き方ができます。何でもかんでもパーフェクトにやれるわけではありません。できるところから、自分を信じてコツコツやるといいのです。肉体の欠点もそのことを気にしたり、隠すのではなく、あるがままにして気づきを持っていくといいのです。そして良いところをより綺麗にすると良いようです。良いほうを見て良いものを伸ばしていけば、次第に欠点が補われ、欠点が目立たなくなっていきます。

他人を見るときも、同じです。良いところを見ます。

欠点を見るのが悪いわけではありません。欠点やあらが見えてしまうのは自然なことです。ただ本来はそれも含めて全体なのです。欠点だけを探しているとそれが大きくなって、良いところが見えなくなります。相手がダメな人間に見えてしまいます。常に欠点と良いところは隣り合わせになっています。

他人も自分も、良いところも含めて見て評価していくようにしましょう。それが平等に見るということです。逆に無理に良いところのみ思い込むと相手も苦しく、また過大評価になることに気をつけます。そして、欠点をなくしていくには無償の愛を育み、中心から行動していくのです。

欠点も良いところも
隣り合わせ。
欠点を隠そうとするより
良いものを伸ばす。

穏やかな心

心は常に波立っています。自分ではわからないのですが、いつも何かを考えています。感覚を通していろいろな思いが湧きあがっています。仕事のこと、お金の心配をしたり、何かこだわりと一致しないと、怒ったり悲しんだり。いろいろな気持ちがあります。また、クリエイティブに良い考えをと思い、常にプランしたり行動したりしています。昼も夜もです。休まるときがないようです。自然界の生命の営みは、昼に太陽の光を浴びて活動し、太陽が沈むと穏やかになります。体の活動は静まり、心も眠くなります。体も心も休みをとろうとします。

でも、現代の生活は、夜中も電気がついているので、太陽が沈んでも動いています。心を使い続け、忙しすぎて、疲れてしまいます。そうした心を静めるためにお酒を飲んでリラックスしようとしたり、音楽を聴いて楽になろうとする人もいます。そうして心を休めようとしますが、一番いいのは瞑想することです。忙しく動き回る心を整

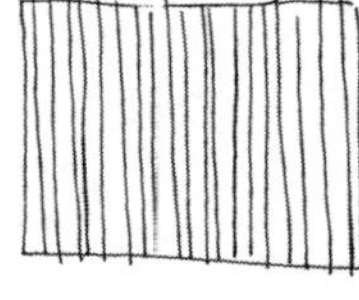

えて、今にいるようにしてくれます。瞑想は心の中をお掃除してくれるのです。
瞑想によって心の垢（あか）を浄化すれば、穏やかな、平和な心になっていくのです。瞑想は究極の真理を悟るためのものであり、リラックスするためのものではありません。しかし、今の時代は情報がありすぎ、心を使いすぎているので、鎮めるためであっていいのです。

今この心を使いすぎているので、瞑想は心を落ち着かせるのに良いのです。しかし、すぐに静かな心にならないので逆にイライラするかもしれません。

瞑想とは心の働きをやめて、何もしない状態になることです。心が今にいるようにすることが瞑想です。しかし、心が今にいないと自由に暴れます。

ヒマラヤシッダー瞑想はあなたの関心を内側に連れていきます。その秘法の一つがマントラの聖なる波動瞑想です。心を浄化して心を静めます。クリヤの瞑想は心をより穏やかにする瞑想の秘法です。心を超えたところに平和で満ちた源の存在、永遠の存在があります。それを信じ、そこにつながり、瞑想をすれば、エゴが溶けて今にいることができます。揺れない、穏やかな心になるのです。

瞑想は、心が一番
リラックスすること。

純粋

人はどんな時に疲れるのでしょうか。もちろん働きすぎたときとか、仕事に追われているときなど疲れます。また特に何か心配事があると疲れます。

人によって疲れやすい人とそうでない人がいます。気にする人としない人でも違います。エネルギーが無駄に使われていると疲れます。

どうしたらいいのでしょうか。

ポジティブに考えて頑張って明るくしている人もいます。その人も家に帰ったらどっと疲れているようです。表面のみ元気に振る舞っても、心が疲れ消耗しています。ただ心が否定的から肯定的に変化したのであり、変容したわけではないので良いほうの使い方であっても心を使い、そこから自由になったのではないのです。

もちろんポジティブは悪くはないのですが、さらに進化したあり方は心を使うのではなく、変化する心ではなく満ちている安定している永遠の存在につながり、そこか

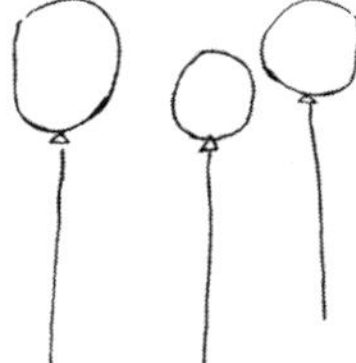

らのサポートをいただくのです。

私たちは、ラジャス、タマス、サットバという三つの性質からできています。この三つの性質はグナと呼ばれます。

ラジャスは活動的な心を司ります。タマスはすべて重い要素のあつまりで力強く創造を司ります。サットバは純粋で、愛や知性を司ります。

グナはどれも大事です。どれが欠けてもいけません。ただし、心がより平和になるには、サットバを多くしていく必要があります。

瞑想や修行は、サットバを増やします。エネルギーが変容し、純粋になります。純粋になると、エネルギーが充電されて活力が出ます。

修行によって、カルマが浄化されて変容し、エネルギーが充電されると、内側が満ちてくるのです。五大元素の質が良くなり、純粋になると、内側が満ちて楽になるのです。ヒマラヤの教えで、心が浄まり体が浄まって永遠の存在、純粋な存在と一体になる。そうしたことを学ぶのが良いのです。

心を超えて純粋になる。
内側から満ちることで
楽になる。

心の癖

誰しも体の癖があります。動作の癖、体つきの癖などがあります。体のどこかが発達していたり、姿勢の癖があります。また動作でも歩き方の癖や、話し方の癖もあります。客観的にフィードバックしてもらわないと気づけない癖です。体の癖は、遺伝の場合や、職業や生活習慣での体の使い方で癖になる場合もあり、直すのが難しいのです。体は心の思い、カルマが反映します。

同じように、心にも癖があります。自分の考えに執着する癖、イライラする癖、やりすぎる癖、感情が強い癖などです。心の癖はなかなか直すことが難しいのです。

心の癖も長い年月の生き方の中でバランスをとっているのです。その癖は自分と同化してなかなか気づけないので、直しづらいのです。それは言い換えれば、心に歪みがあるということです。そのときの自分に必要な自己防衛なのです。

迂回（うかい）することで自分を傷つけず和らげています。自分を守るため、ブレーキをかけています。自分もしくは相手を責める正反対の行為も自己防衛なのです。

心の癖を直すには、自己防衛しないですむ、深い純粋な自分、つまり本当の自分を信じるのです。その癖は次第に消えていくでしょう。無心で愛を使う自由な心になり、ストレスのない、調和のとれた人になっていきます。

普通には心の癖を直そうとしても心を使い演技になり、深いところの癖は取れません。直すには心を使うのではなく、無心の道、中庸の道に秘訣があるのです。ヒマラヤ秘教のスシュムナーの道、真ん中の道です。エネルギーが右の陽に偏ったり、左の陰に偏ったりすると心が働きます。

ヒマラヤシッダー瞑想をします。生まれたところの源に戻るとは、癖ができる以前の純粋な本当の自分に戻ることです。瞑想は深い執着を取り、心を自由にして自己防衛から解放します。心の癖を直していきます。バランスのとれた心になります。瞑想で意識が進化して頭蓋骨の形が変わることもあります。すべてが純粋になっていくので、声も透明感が出ます。ハスキーな声が滑らかになることもあります。瞑想は過去生のカルマに働きかけ、体や心の癖を自然に戻してくれるのです。

心の癖は、自己防衛のため。
瞑想によって、
本当に自由な心になる。

損得

昔は時間もゆったりして、お互いに助け合って生きていたと思います。常にそこには思いやりがあり、お役に立ちたい気持ちが強かったと思います。昨今は効率を重視しがちになっているような気がします。

しかし仕事は損得にこだわるより、ベストを尽くし良い仕事をすることが相手に喜ばれ、結局、気持ちが良いのです。儲かるからがんばるとか、大した仕事じゃないから手を抜いてやるなど、計算高いのは良くないと思います。誠実でない計算高い不純な心でやると良いものができません。見返りの多寡を求める下心があると良いものができず、印象が悪くなり信用を失い、やがて失敗してしまうのです。

何事も感謝して行います。純粋な愛の心で、楽しんでやります。そうすれば、精神統一の行になります。すべては自分の肥やしになるのです。浄化され良いカルマを積むことになります。良い結果につながり、良い人間性が育まれます。

与えられたものに対してベストを尽くすことは、自分に良い歴史を刻み、自分を良い方向に育てていくことになるのです。

仕事をお願いする場合も、損得より謙虚さと感謝の気持ちを捧げます。相手の努力に対して感謝を忘れないようにします。相手の誠実さに報いる姿勢が大切なのです。

受け取る相手が喜ぶような仕事をすれば、良い功徳となり、それはそのときだけでなく、その後も良い縁をいただける種まきになるのです。エゴが入らないほうが、良い循環が生まれます。

損得や計算は、目先の欲の心に翻弄されているのであり、心配や焦りになり、誠実さに欠けたずさんな仕事になります。迷惑をかけて信用を失います。

失敗したときは、反省して学びます。心の価値観ではなく深い愛を目覚めさせて誠実になっていくことが大切です。

損得ではなく、
与えられたことに
ベストを尽くす。
自分に良い歴史を刻む。

許す

あなたが幸せになっていくには、どういう心を育んだらよいのでしょうか。

心が平和で愛に満ちているとき、クリエイティブに行っているとき、そして創ったものが人に喜ばれうまくいっているときなど、気持ちが良いのではないでしょうか。心が解放感に満ちています。そして何か問題に出会ったとき、何でそうなったのか反省し、気づき、理解します。ただ自分や人を責めても何も生まれません。理解をして大きな愛で許します。人間関係を築く基本です。

許すということは、人のせいにしないということです。自分が不幸なのはあの人のせいだとか、親が悪いせいだとか、社会や環境のせいだとか、不幸や不運を、誰しも他人のせいにしがちです。

期待したのにやってくれなかったと、怒ります。イライラしたり、不満をぶつけます。もちろん誠実に、お互いに取り組むのがいいのです。頼まれたことはしっかり行う。一方、期待しすぎない。すべて他人のせいということはありません。自分の内側に気づきます。

相手への伝え方が、わかりにくかったのかもしれません。完璧を求め、相手をジャッジしてはならないのです。少しでもやってくれたらありがたいと考えれば、人間関係はとても円滑になります。期待しすぎないということ、許すということ、すると自分の心が楽になります。自分の中を変えるのが一番なのです。相手がもっとできるようになるために、信頼のエネルギーを送るのです。愛のエネルギーを送るのです。

また、自分を責めすぎる人がいます。自分自身の不出来も許します。許して何の努力もしないで、ただ怠けてしまっては困ります。しかし、厳しく自分を責めるだけでは落ち込み、逆に自信がなくなってしまうのです。

許して、相手を生かすには、愛を持ってこうしたほうがいいと伝えます。相手の不誠実さ、ルーズさを責めるのではなく、愛を持って接することが、許すことなのです。そうした宇宙的な愛の心になるには、心を浄め、自分の価値観のとらわれを外していくのです。常に、善行をして、感謝して慈愛を持っていきます。内側を浄め、宇宙的愛が湧くヒマラヤシッダー瞑想を行うのです。

「少しでもやってくれていたらありがたい」と思う。自分も相手もジャッジしない。

第4章

欲望のままに生きるのではなく、足るを知る

欲望

人は生きよう、成長しようと生まれてきています。そこには生きる欲望があります。また苦しみがつきものです。その苦しみに耐えて頑張ります。

欲望は自分を守るため、食べるため、生活を維持するためのものを獲得しようとするところから生まれます。よく言われる欲望は食欲、睡眠欲、性欲です。この欲望は生きるために必要ですが、度が過ぎると、体と精神のバランスを崩し、それに翻弄されると人間としての尊厳が失われ、動物的になってしまいます。

六道輪廻という言葉があります。欲望による心の進化のプロセスです。心と体にセルフィッシュな欲望を持ち意識の低い心になると、因果の法則によってその報いが返ってくるのです。その結果、恐ろしい性格や生きる姿になることを戒める仏教の教えです。その源流であるヒマラヤ秘教でも、そのような心の進化の教えがあります。

悪いことをすると苦しみもがき地獄のような世界に生まれ、そして苦しみもだえる心を持つのです。殺生したり暴力をふるったりして人を傷つけるとそうした心で苦しみ、また苦しみの地獄の世界に生まれるということです。またケチで自分ばかり欲をかく心は飢えに苦しむ餓鬼（がき）界という世界に生まれ、あるいは常におなかが減って誰も助けてくれない、そうした餓鬼の状態の心になるのです。

さらに畜生（ちくしょう）界という心の世界があります。それは這いずり回って歩き、意識が低いのです。相手のものを奪い、不浄なものも、口に入れるものも一緒のような不潔の世界に生きるのです。さらに修羅（しゅら）界といわれる心の世界があります。阿修羅のように争います。暴力をふるうのです。

次に進化して人間界という意識を持てるのです。与えたら与えてもらう、ギブアンドテイクです。さらに意識が進化した菩薩の世界、天使の世界があります。愛を持って人を助ける生き方をするのです。人間になっても、何生も何生も計り知れない年月をかけて進化していくのです。

人は心をいただき、心が発達してきました。そして、クリエイティブに生きてきました。一方、その心には誰の中にも怒りがあり、自分のことのみを考えている貧しい心があり、競争意識があり、他人の幸せを嫉妬する心があります。

常に心を使って生きていくと、その心の法則に翻弄されて自分がどういう状態か客観的に理解できないのです。自分の幸せを願うためには、人の幸せを願うということ、そして、人生の本当の目的である本当の自分を悟っていくということを知らないのです。今、人間として心をいただき、それを利用して苦しみから真の幸福への修行ができるのです。ヒマラヤ秘教との出会いです。

瞑想をして意識を進化させ、悟っていくのです。人が生きる本当の目的は真理の悟りであり最高の人間完成です。自分を守る欲望から、人を幸せにする欲望にするのです。欲望が進化して人生の本当の目的、真理を悟るという真の欲望になるのです。

生きるための欲望も、
度が過ぎると動物的になる。
自分のための欲望ではなく、
人を幸せにする欲望を持つ。

お金

お金によって、すべてのモノを手に入れることができます。お金はエネルギーです。パワーです。お金で生活に必要なものを手に入れて豊かにします。またお金は自分の豊かさと、自分を成長させるために使うことができます。

しかし、一方、お金が「欲しい、欲しい」の欲の心と、それに執着して手放したくない醜い心に発達して守銭奴のようになることもあるので、気をつけなければなりません。より良い成長は、人のお役に立つために才能を発揮してお互いにそれを提供して、助け合って生きていくことから生まれます。

ヒマラヤ秘教の教えを生かして、あなたはこの現代社会でのお金とのかかわり方、お金との向き合い方を正しいもの、新しい考え方にしてより美しい人になり、より良い成長をするのです。お金を循環させて自分を豊かにし、社会を豊かにしていくのです。

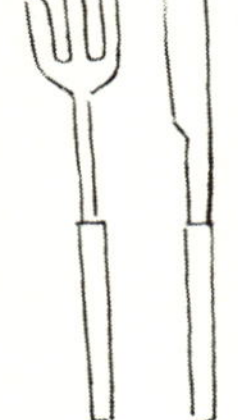

お金を投資して、学ぶこともできます。時間を作ることもできます。スキルをアップさせ才能を発揮して、自分を生かし、人が喜び、人を救うために使います。このように、お金を含めてエネルギーを発展的に使うことで、相手や周りから感謝され、外側から自然とエネルギーが満ちます。それとともに経済的にも豊かになります。繁栄がもたらされるのです。

さて、あなたがお金で集めるものについて考えます。ものにはそれがなくてはならないものと、無駄に思えるものがあります。依存しているものがあります。また技術や知識も含めて、それらが大切だと思い、購入します。

お金で何でも買えて、お金が幸せを作るように思います。何かを失って、その寂しさを埋めるために何かを買って幸せを感じます。そうした体験から必要以上にものを集めることに奔走します。一方お金があって裕福であるのですが、内側深くが満ちないのです。愛がなく人間性が失われることもあります。

それではお金はどういうものかといいますと、リッチなエネルギーであっても、感覚や心の美であり、変化するものであり、本質ではありません。お金から命の泉が湧くわけではなく外側のものなのです。物質的なものです。そして執着を作り、苦しみを発生させるのです。心の欲求に常に従ってしまうと、お金、お金の悪循環に陥ってしまいます。そうした欲しい心の奴隷になることになるのです。また争いを作ったり、本質を見失い、あなたを不自由にするものなのです。このことにしっかり気づき、理解します。さらに死ぬときは、誰もが最も大切と思っているお金をあの世に持っていかれないのです。お金で買って集めたもの、すべては持っていかれないのです。貴金属、株、家、洋服、必要なもの全部、あるいは大切な人、名誉、タイトル、大切なこの体でさえ持っていかれないのです。

しかし、そうしたことが見えないで、人は幸せになるためにお金を求めます。お金にこだわって依存します。あなた自身はお金以上の価値があるのです。

自分自身のカルマや努力で、あるいは才能でお金持ちになった人、あるいは今お金持ちを目指している人、もっと気づきを持ってください。

エゴの欲望を満たすためのお金の追求はやがてバランスを崩します。お金を人のために生かし、社会のために生かし、精神の豊かさを求めるために活用するのです。お金そのものは、あなたの命の力を引き出すものではないからです。

心は変化します。欲しいものも、何もかも変化します。お金も変化します。変化するものに振り回されていては、本当の幸せとは言えません。

あなたの奥深くにあるあなたを生かしめている永遠の存在は変化しません。あなたの奥深くに個人の魂があり、さらにそれを超えたところに宇宙を創った存在、宇宙の魂があります。そこからのエネルギーを引き出し、潜在意識が浄まり、どんな願いも叶えられるのです。必要があれば物質的な願いも叶えられるのです。

本質を体験し、そこからの豊かさを引き出して、お金に振り回されない人になることができるのです。そうすればお金のマスターになり、お金を活用できるのです。

そのために高次元の存在、本当の自分につながり、心身を純粋にしていきます。執着を取り、心を浄めます。カルマを浄めます。人はカルマを浄化し、本当の自分を知るために生まれてきたのです。そのために魂を曇らせている、心の執着の最大のもの、お金の執着を取るのです。直接的な効果のある生き方をします。お金を捧げていくのです。布施をすると執着が直接的に取れて、深いところが目覚め、内側からさらに満たされます。お金の変化にとらわれなくなります。お金は執着を作る象徴です。お金を差し出し、それを人に役立てるのです。人に執着を作らない捧げ方が良いのです。

その人が心の曇りを取り、真理に向かうための浄化の行為です。心の執着から自由になり、慈愛を育み、知恵ある人になるために布施と奉仕を捧げます。そのような使い方をしていくのが悟りへの道になり、より正しい生き方になるのです。

人はお金があって幸せであっても、人生の本当の目的は未だ完成していないのです。本当の幸せは本当の自分になり、真理を悟ることです。究極のサマディへの道を目ざします。それはヒマラヤ聖者のガイドで叶います。

新しい生き方、信じること、善行を積み、言葉をきれいに、行為をきれいに、そして思いをきれいにするのです。さらにヒマラヤシッダー瞑想を行い、信仰して、しっかりサマディの修行をしていきます。やがてあらわれる、内側から満ちてくる喜びは、失われることのない喜びです。悟りへの道です。若返り、永遠の命をいただきます。先祖が浄まり、家族が浄まり、周りの人を幸せにし、社会を平和で愛ある場にできるのです。

お金は本質ではない。
あなた自身に、
お金以上の価値がある。

執着

誰にも執着がありますし、こだわりがあります。生きるために必要なものを集め、また集められなかったりして、それにこだわり、執着していきます。それは家族、両親、子ども、恋人、妻、夫、あるいは、うれしい体験や、興奮する体験、お金や物や、地位や、プライド、エゴなどもあります。それらを必死で探し求めて集めるのです。そして得られないとき、あるいは失うと苦しみを生み出すのです。そうした行為はカルマであり、その記憶が心に刻まれ、それが次の行為をなす執着になるのです。その行為の記憶は過去生からのものもあり、執着していることも気づかないのです。心の中のこだわりであり、自分のものということへの執着です。何に執着しているかがわかることがまた学びになるのです。

いらなくなったものにも執着して、捨てられないのです。自己防衛のためと思うのですが、それは依存となり、こだわりがあなたを翻弄していきます。本来のあなたを

生かしている素晴らしい本質の存在を隠しています。執着するものに頼っているのですが、それがエネルギーをくれるのではなく消耗させるのです。そのことに気づく必要があります。それへの執着がいるのか、いらないのか、それが何であるのか、あなたにとって何の意味があるのか、気づいていくことが悟りへの道なのです。

このようにあなたが執着しているものには良いものも、悪いものもあります。執着は、その時に一時的に幸せになる自己防衛です。心と感覚の喜びです。それを見極める力がなく、悶々（もんもん）としたり、無駄に時間を使ったりしているのが人間の生きる姿です。

執着のこだわりにはいろいろあります。「ねばならない」などの価値観や、周りの評価を気にしたり、仕事をがんばらないのはいけないことと、体を壊してまでやりすぎたり、仕事を辞めたら世の中に置いてけぼりにされると思うことも、実は恐れの執着なのです。

社会や家庭の教育でそれが普通になり、仕事が趣味になっている人もいます。こだわりで、エネルギーが使われています。手放せないものがいろいろあり、無意識に抱え、こだわり、疲れるのです。どうしたら、もっと楽に生きていけるのでしょうか。そうした様々な欲望が何なのか、こだわりが何なのかに気づく必要があります。

そうでないと執着や、それで苦しんでいることも当たり前になってわからないのです。その関係性が生きることだと勘違いしていることもあるのです。自分がどんなに否定的であるのか、どんなに執着しているのかもわからないで、ただあの人のように幸せになりたいと、人が豊かな生き方をしているとうらやましがるのです。また、心を整理したり、体を整えたり、自分の内側を目覚めさせる修行が必要です。どれだけ執着があるのか、こだわりがあるのかがわかってきます。そうしたことが苦しみを作り出していることがわかります。瞑想をすることで整理され執着が薄くなり、物事を離れてみて自然に楽になるのです。ヒマラヤ秘教の瞑想はヒマラヤシッダー瞑想といい、心を作る前のエネルギーで浄めます。それは音と光の瞑想です。

ヒマラヤシッダー瞑想で心が浄まり、充電されてより集中力が増して、短い時間で良い仕事ができるようになります。

会社のためにがんばるとか、「あいつは良くやっているな」と周りから認められ評価されるためではなく、ただ目の前の仕事を成し遂げるために誠実に全力投球できるのです。深い本質から慈愛が湧き出て、素晴らしい仕事ができます。執着を作らないで仕事をするには、達成すべき目標を立てて気づきを持って行うのです。瞑想をして臨むと、内側のエネルギーが整理整頓されていきます。すべてのエネルギーが目標に向かって降り注がれ成就させることができます。自分の目標が成し遂げられ、とても満足します。それは自分を高める生き方であり、目標で得られたものには執着しないのです。

さらに最高の達成は、悟りへの道にもつながっていきます。さらに本当の自分に出会うことができます。何かをやって満たされたい心は、手っ取り早く、他人からの評価やものやお金など、外側からいろいろなものをかき集めてこようとするのです。

最高の目標が成就するということは、本当の自分になるということです。心や体を浄めてそれを超えて、本質に還っていくのです。そこで初めて、全部が満たされます。足るを知るということがわかります。完全な魂になります。仕事は、本当の自分になっていくための一つの方法にできます。目標を達成して、成功体験を重ねて、新しい成功の回路ができます。そのプロセスで成長できるのです。物事に対して怖気付かずに、自信を持って立ち向かえるようになります。このようなサイクルが生まれ、本当の自分になり、心や執着は自分ではないことを本当に悟るなら、執着の苦しみがなくなるのです。

他人からの評価や、
「ねばならない」という
執着を捨てる。
自分のこだわりに気づく。

疲れ

怠けていても頑張っていても疲れてしまいます。疲れの原因はいろいろです。昨今頑張りすぎということも問題になっています。疲労して精神的な問題が出てきているからです。そこで政府からは働き方改革が打ち出されました。人を大切にということで残業をしすぎてはいけないということです。疲れるということにはいろいろな原因があります。どんなことが疲れる原因なのか見ていきましょう。

心も体も、本来とても丈夫にできています。それは神様が創ったものであり、バランスがとれていて、またそれが崩れたらバランスを取り戻す力があるのです。通常、太陽が沈んで夜になってすべてが眠り、心と体も眠って休みます。それによってバランスをとります。今の時代は夜も煌々と電気が点き、楽しくしてバランスをとろうとしてお酒を飲んだり夜遊びをしたりすることで、逆にバランスを崩し体と心を使いすぎて大変負担をかけているのです。

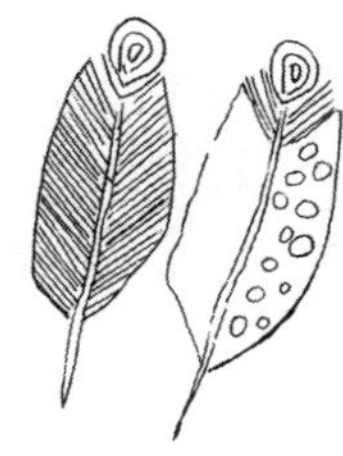

勉強も仕事も競争社会で常にストレスがあります。また仕事の後も心を豊かにするために趣味を楽しんだり、あるいは人間関係に奔走してさらに心や体を疲れさせていきます。心は気を使い、またストレスを発散しているつもりがさらに負担をかけているように思います。また執着によって心と体を偏って使い、疲れます。鬱になる人もいます。

私は究極のサマディで神と一体になり、真理を知ったのです。究極の源に達し、すべての物事の成り立ちを知ったのです。何をどうしたらバランスがとれるのか、真理つまり神のレベルからの生命力で修正していくことができることを知ったのです。どういう生き方をしたら、心身が疲れないのかが、わかるのです。その知恵を使うことで素晴らしい生き方ができると思います。それは表面からバランスをとる操作でなく、根源からパワーを満たし、バランスをとって再生する方法です。たいそうなことに聞こえるかと思いますが、それを知るマスターのガイドがあれば自然にできるのです。

ヒマラヤ秘教の教えは、あなたがよみがえり若くなる教えです。永遠の命をいただく教えです。心の奥にあるすべてを生かしている源と一体になり、再生されて生まれ変わるのです。そのプロセスでいろいろな気づきがあり、命の働きについての学びがあります。しかし、それは一人ではできません。なぜなら心を長く使い、その価値観に引きずられ、ともすれば疑いや自分の考えを優先して素直になれないからです。

それをすでに体験したマスターの祝福を受けて、迷いを溶かしていくことでどんどんパワーアップして、疲れが取れて楽になっていきます。積極的に信じて、バランスをとっていきます。人はアンバランスになっています。バランスの象徴のシーソーは両端の目方が同じになったときに動きが止まります。どちらかが重かったり動いたりしているうちは揺れています。

人間のエネルギーは陰陽があり、そのバランスがとれると動きが止まりワンネスになります。そうして、さらにそれを超えた新たなる力が湧いてくるのです。

体と神経、さらに心とのバランスを順次とることで、疲れが回復します。生理的にも心理的にも正しく働き、すべてのバランスがとれ、平和になります。またネガティブな心をポジティブにしてバランスがとれ、慈愛が満ちて疲れにくくなるのです。

あなたの心は常に考え、また勉強して頭だけ使い、疲労困憊（こんぱい）していきます。仕事で心身を、食べることで内臓を使い、スポーツで体を使いすぎ、疲れ切ります。コンピューターの仕事は、心や目を使いすぎ、働かせすぎて疲れさせます。一方、肉体労働の人は、体を使いすぎます。肉体的な苦しみがつきまといがちになります。

心身をリラックスさせるために浄化すると動きが穏やかになります。さらにそれを超えると、究極の状態に入り、死と誕生を体験して宇宙の営み、真理を知るのです。それは究極のサマディです。源の自分、本当の自分になり、生まれ変わるのです。最高の人間になるのです。そのプロセスですべてが明らかになり、疲れない体と心になっていきます。それにはヒマラヤシッダー瞑想をして、ストレスを作る執着や雑念を取り、浄めます。心と体のお掃除をし、充電して疲れを取るのです。

ヒマラヤシッダー瞑想は、最速で内側を浄めるアヌグラハクリヤの秘法やマントラの秘法などがあります。マスターから高次元のエネルギーをディクシャ（伝授）で拝受することで疲れの元のストレスが取れて浄まり、生かしてくださる源の、本当の自分につなげていただきます。さらに瞑想秘法をいただいて、疲れない生き方を学ぶことができます。それは根本から疲れを取り除き、治す方法なのです。

あなたを生かしめている本当の自分という存在を信じ、祝福とパワーをいただき、生きていくことができます。マスターからのディクシャは、この偏った状態を新しくプログラミングするものです。心や体に記憶された体験をリセットしていくのです。

偏り疲れた心と体の
バランスをとりなおす。
ヒマラヤ秘教のマスターの
ガイドで、心と体を浄化する。

見栄

衣食足りて礼節を知るという言葉があります。現代人はさらに小ぎれいにして、お互いに尊敬し合い品よく気持ちよくふるまうのがいいのです。しかし、それらが少しアンバランスになり、無理をして心を忙しくして頑張ってしまっている人もいるのではないでしょうか。

その一つの例が、見栄を張る人です。過剰なプライドがあります。人より良く見せたい競争心です。そうしたことに気づかないで、見苦しい姿になっているかもしれません。無理をして背伸びをしてよく見せようとしたり、演技をしてしまうのかもしれません。すべて良く見せたい心は真の成長につながるように活用していけばいいと思います。高いものを買うことは良い品物であればすごく長持ちをして経済的になるのだと思います。それが必要以上で度を越して、何でもブランド品集めとなり、自分の経済状態に見合わなければやがて無理がたたり、苦しくなります。

人は常に周りと比べ、見栄を張りたがり、自分にないと落ち込むのです。心は常に競争しています。人より優れていれば優越感を感じ、劣っていたら劣等感を持ちます。相手が自分より上か下かを無意識にチェックしているのです。

そうした競争の心がさらに、不安や競争心を呼び込み、ますますそれがエスカレートしていきます。いろいろなところで比較の心が働き、そのことに忙しいあまり、心を疲れさせてしまっているのです。

心を安らかにしたければ、周りに気をつかわずチェックして比べなければいいのですが、元々それは本能であり、危険を察知して自己を守るために備わっているのだと思います。しかしそれが今、安全な時にも自動的に心が働いて比べているのです。

心にはまり込んで考えているうちは、見栄も欲望も、自分でコントロールすることはできません。自分のエネルギーに翻弄されて、結局そこから脱出できないのです。心の働きの比べることをやめたくても、簡単にやめることはできません。

こうした心の働きを鎮めて平和な心と愛に出会うために、相手から距離を置いてみるのがよいのです。

比べるのをやめるには心を進化させていきます。瞑想を生活に取り入れていきます。

瞑想で純粋な意識につながって、心の価値観や思い込みを浄化して外すことが大事です。私のところでは、瞑想リトリートを行っています。なぜなら深く瞑想をしていくには新しい癖を身につけなければならないので、心を使う環境を逃れて一時的に純粋なエネルギーを浴び続けることが必要だからです。

人は何生もの間心を使ってきました。その結果、心が肥大して鎧(よろい)を着たようになっているのです。ですから、それを外すのは容易ではありません。それを溶かすには強力な純粋なエネルギーが必要です。それを助けるのが究極のサマディからの知恵とパワーなのです。そのことがマスターのガイドでできるのです。心を浄めて心を空っぽにして今にいるという状態を作り出すことができます。すると自分の不安や、心の価値観に振り回されないで、静かな心になります。「こうじゃなきゃいけない」「ねばならない」という気持ちを作る執着が取れて楽になるのです。

次第に、視点を変えて相手の立場や良さもわかるようになります。

価値観に振り回されない、ただ見ていることができる平等心が良いとわかります。心が平和になります。見栄のせいで心をすり減らすこともなくなります。

心の価値観に振り回されていると、心をすり減らす。すぐに他人と自分を比べてしまう心の働きをやめる。

理性

教育によって、規則正しさを身に着け、欲望をコントロールできてくると思うかもしれません。頭のいい人は理性が働いて欲望をコントロールしていると思うかもしれません。

真の理性は頭だけで考えず、物事を深く知って礼儀正しくなるということ、謙虚になるということだと思います。しかし、それで礼儀正しくなっても何かその価値観を人に押し付けて堅苦しくなりそうです。

また一般に頭のいい人は、「私、私、私」となりがちです。自分の思い込みの価値観でなんでも判断してしまいます。自分の力で生きていると思ってしまいます。

でも、そうではありません。私たちは見えない力、つまり神様に生かされています。空気も、水も、太陽の光も、月の光も神様にいただき、それによって生かされています。

もし、太陽の光や、空気や水がなかったら、いくら知識があっても回りません。自分を運転することはできません。

人は自分の力では生きられず、自然の大きな力で生かしていただいています。

理性があるとは、この事実を、実践によって実際に知り悟ることです。それが私の究極のサマディからの知恵です。そうした知恵は深いところの事実を知り、それを体験することです。そのことで神を尊敬し、信じる存在であることを知り、またそれをたたえ謙虚になるということです。これが、足るを知る心になるということです。

男性と女性を比べてみると、男性は頭で考えがちです。自分流で突き進みがちです。でも、パワフルに見えても、心は忙しく後でガクッときてしまいます。瞑想によって濁りを取り除くことで、静寂からの未知のパワーが湧き出すのです。宇宙の法則を知り、物事を深く正しく判断し理解します。足るを知る理性を得ることができるのです。そして思い込みでなく、神のような心で深いところから判断できる人間に進化できるのです。

本当の理性とは、
自分が大きな力によって
生かされている存在だと
知り、謙虚になること。

願い

人は過去生からの願いでこの世界に生まれてきました。それはカルマの願いです。過去生の成就しなかった願いを今生で満たそうとするのです。

人は成長したいという願いで必死に努力していきます。そこには競争が生まれ、勝って喜び、ある時は負けて消沈します。さらに「もっともっと」と欲望と願いが膨らみ、それらは執着となって続いていきます。

心はギブアンドテイクのゲームです。常に自分を守って何かに優れ、幸せになりたいという願いで生きていきます。願いが叶ってもつかの間の幸せで、いつか逆転して自分が不幸になったりして永遠の幸せではないのです。心の願いは常に上がったり下がったりで、真の幸せになることができないのです。

絶対なる幸せがあります。それが究極のサマディになり、真理と一体になり、悟る幸せです。本当の自分を知る幸せです。それを私は紹介しています。あなたに上がっ

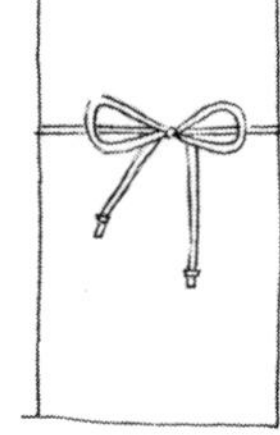

たり下がったりしない永遠の幸せを手に入れてほしいのです。

それは心や感覚の幸せや、利己的な幸せではなく、みんなが幸せになることです。相手の真の幸せが自分にも返り、両方とも幸せになる真理の幸せです。

今の幸せは、他人の幸せを願ったとしても、見えるところつまり、心の幸せです。やがて心が強くなり疲弊してこだわりの人になり、苦しむのです。

あなたの奥深くに、元々純粋で完全な神が存在します。それは本当の自分であり、そこにつながり、そこからの愛をシェアして自他ともに幸せになれるのです。

ヒマラヤのシッダーマスターは神を知った存在です。ディクシャという目覚めのエネルギー伝授で、あなたを本当の自分につなげてくれるのです。本当の自分を信じて、無限の愛や知恵が引き出されます。そのことで他人を助け、自分も満ちて幸せになれるのです。人に親切にして、助け合い外側をよくして、内側からも満ちる回路を構築するのです。心は常に変わります。心は道具であり、働きです。ですから無限のエネルギーの存在ではないのです。

心を使うとエネルギーが消耗するのです。体もそうです。根源のエネルギーからもっとくみ出す必要があります。そのことを知ってください。あなたの源の、変化しない本質に強くつながりなおすのです。ディクシャのエネルギー伝授とその時にいただくヒマラヤシッダー瞑想秘法のマントラ（聖なる音の波動）は、心のストレスを取り除き、再生させていくことができます。

あなたそのもの、それに心が純粋になり、意志の力が強まり、運が開かれるのです。願いが叶っていきます。常に相手の幸せを願います。セルフィッシュな願いばかりですと、またエゴを強め、不幸になります。このように自分を超えたところのパワーと生命力をいただいて初めて、願いが成就し、幸せになることができるのです。

シッダーマスターの願いはさらに強力です。マスターのパワーで行うサマディヤギャという日本の護摩焚きの原型や、サマディパワーで祈るサマディプジャがあります。サマディマスターの純粋なサンカルパという神の意志のような力によって、あなたがカルマを積まないで願いを実現していくことができるのです。さらには真理に達する願いを成就するのです。

本当の願いは、
自分だけの幸せを超えた
ところにある。

第5章

「本当の私」の人生を生きる

無心

本当の自分の人生を生きるとは、純粋な自分を生きるということです。人は社会の価値観、親の価値観、自分の今までの体験の価値観などいろいろな考えにとらわれて、その考えで判断して生きています。それは本当の生き方ではなく、何か違うものを演じている生き方なのです。それらの考えに振り回されています。そのことが誤解を呼び、苦しみを呼ぶこともあるのです。

本当の人生を生きるためには、そうした余計なものを取り払って心が染められていない、囚われのない純粋な状態、つまり無心で立ち向かうのが良いのです。

しかし、実際のところ、心はあらゆる価値観に染められていて、常に働いています。過去からの記憶があって、カルマが蓄積されています。常に先のことを考えたり、過去のことを考えたり、常に何かを無意識に思い考えています。

ですから、何かのアイデアに常に振り回されています。無心にはなれていません。

いつも不安定に動いています。そして、どこかが働きすぎたり、働いていないところがあったり、アンバランスです。心は常に何かを探し求めているのです。

どうしたらよいのでしょうか。ヒマラヤ聖者が働きすぎる心を無心にする生き方と秘法を発見しました。それは段階を追って、どう正しく心と体を使うのか、さらに瞑想や修行によって蓄積されたカルマを浄化して、どう無心を作り出すかです。まず外側の修行を行い、さらに内側の修行となる瞑想を行っていきます。

まず瞑想に先立ち、行為を正してきます。悪い行いを改めます。暴力を振るった、誰かをいじめた、嘘をついたなどの行為を心から反省します。親や周囲の人に慈愛を持ち、尊敬し、人を助け、親切にします。良い行為をする、つまり、良い種をまきます。

行動は結果を作ります。その行為は自分のクオリティを作ります。瞑想で心を浄化して平和な心を作り出そうとしても、行為が悪いとすぐ汚れてしまいます。一日のうち三十分瞑想しても、後の二十三時間三十分を悪いことを思ったり不平不満の行動をしていたりしたら、瞑想する意味がありません。

心を平和にして無心になるには、心を浄めるわけですが、恨みを許します。奉仕やお布施をします。それは良い行為で心が浄められます。心にへばりついた否定的なものを、反対の良い行為で積極的に取っていくのです。ヒマラヤ秘教では、これらの外側の修行をヤマ・ニヤマと言い、顕教（けんぎょう）という現れた修行ということでもあります。

まずシッダーマスターを橋にして自分の中の本質（アートマン）につながります。そして、ヒマラヤシッダー瞑想秘法のマントラという聖なる波動やアヌグラハクリヤ瞑想秘法の修行で、どんどんカルマを浄めて囚われを外していくのです。そして同時にヤマ・ニヤマによって整えていきます。このことで幸運になっていきます。

普段は、心に蓄積されたカルマで、魂が覆われ曇らされています。心の記憶や考えは混乱していて正しい判断ができず、自分勝手な狭い考えになっています。

ヤマ・ニヤマの行為も、ディクシャを受けないで行うとエゴが入って難しいところがありますが、神聖なパワーにつながって行うと、より楽にできるようになります。そして、マスターの祝福のエネルギーによって、浄められていくと本当の願いがわかってきます。純粋な波動は純粋なものを引き寄せます。純粋な波動とは、混乱した心とはまったく違うレベルの浄められた高級な波動です。そして、その体験は記憶されて、またその波動になりたくなるのです。

たとえば自然の中で澄んだ空気を体験をすると、気持ちよく感じ、スカッとします。その心地よさを体が覚え、またその空気を吸いに行きたくなります。純粋な波動も、同じです。またそこに戻りたくなります。心身が浄められて、無心になり、どんどん自分の本質に近づくことができるのです。

私たちの全身にはさまざまな「気」があります。頭の気はウダーナ、胸の気はプラーナ、みぞおちのところの消化を司る気はサマーナ、排泄を司る気はアパーナ。さらに体をめぐるヴィヤーナ気があります。このような多くの気がそれぞれの働きをして人を生かしめています。

長い間のカルマやストレスで、これらの気が混乱しています。お互いに蝕み合って、体調を崩してしまいます。深い純粋な波動はこれらの気を整え、調和のとれた状態に戻してくれます。身体という小宇宙を浄め、調和をはかってくれるのです。

心身を浄化して無心になるには、マスターのもとで行うのがベストです。自分は心にコントロールされているということ、本当の主人は心ではないということがわからないのです。ですから無心になろうと試みても、そう簡単にはいきません。

何か問題が起きると、その考えにはまって、心の思いは巨大になってあなたを翻弄します。家族が病気になった、自分が癌を宣告されたなど、深刻な状態の時は心配に翻弄されます。心の思いが外せず、その回路につながってしまいます。心が騒いだからといってその問題は解けないのです。もっと静かな無心のところにあると、自然に問題が解決する方向に導かれるのです。

無心とは心を超えたところにあるのです。それは神でもあるのです。何があっても無心になるためには、源の無心、つまり神につながらないとならないのです。シッダーマスターは心を浄化して無心となり、それを超えて神と一体になったのです。マスターにつながるとそこから源へのガイドが始まるのです。そして、次第に無心のエネルギーに一体になっていくことができ、それが広がっていくのです。それが今にいることなのです。心を超えて今にあり、心に左右されないのです。

多くの人は欲望に翻弄されます。いろいろなものに執着します。そして無知のまま死んでいきます。本来神様が与えた生き方は、本当の自分を知って本当の願いを叶えていくこと、それは無心になり、神と一体になる。これが、人間の正しい生き方なのです。

本当の自分を知って、
本当の願いを叶える。

自信

自分を信じることは生きるうえで大切です。自分を信じるとは、自分のできることを信じたり、源の神を信じたり、またそこに導くマスターを信じることです。信じることで大きなエネルギーがいただけるのです。自分を信じるのは、私はできると信じることです。たとえDNAによって親から受けついだ弱さがあっても、信じる力で変わります。

信じる力には知恵があります。良い性格であることが大切です。自分自身を信じる、神を信じる、自分の魂を信じる、マスターを信じる。それらはどれも同じクオリティです。見える存在を信じることから入ると入りやすいのです。

信じることでその人は力を得て成功するのです。自信がある人は生まれながらにそうした心を持っているのです。自分を信じる瞑想をして、修行をして、精神統一をしていくと、自信が湧いてきます。自分の純粋性を確立していくと、自信が出てきます。

心を信じても、自信は湧きません。一時的には出るかもしれませんが、消えてしまいます。心は常に変化するからです。心で自信を出そうとしても、疲れてしまいます。精神統一をして、純粋な存在など揺るぎないものにつながると、パワーが出ます。自分の中に潜む神秘の力、自分を生かしめている力を信じます。マスターを信頼します。無限のパワーからやり遂げる力や愛が出ます。周囲の人を癒して、周囲の人を助ける。最もいい助けは人の意識を進化させること。それによって感謝されて、自分もまた力をいただけます。

理解力が増して、本物を見分ける力も出ます。「これは他人の意見だから振り回されないようにしよう」「これはエゴだから信じないようにしよう」など、知恵がついて気づきが増して判断ができます。純粋になると本質が現れてきます。それを信じると自分を強く信じられるようになります。

果物も野菜も、品質の良いものは良い土壌で育ちます。良い種から育ちます。良い環境で育ちます。不純物のない、新鮮なものに育ちます。

私たちも同じです。でも、人はいろいろな今まで行為をした結果の記憶であるカルマを背負っています。運命があり、宿命があり、あなたはそれに従います。ヒマラヤの恩恵は真理からの知恵であり、あなたを本来の姿、元に戻すのです。運命や宿命を変えていく力があります。深い瞑想で源と一体になり、心と体を浄めてさらにそれを超えていけば、魂である本当の自分になります。感情のエネルギーが浄化され、曇りが取れて、純粋になってクオリティが上がります。

クオリティが上がっていくと、静寂になります。ヒマラヤ秘教の修行を積み、サマディ（悟り）に近づくと、宿命や運命が変わります。自信が湧いて心に振り回されないのです。おのずと悩まない人、心配しない人になるのです。

まずは自分自身を信じる。
見えない存在を信じることで
自分の純粋性を高める。

旅

私たちは、常に何か新しい刺激を求めて旅をします。また昨今は「自分探しをする」という言葉もはやってきました。ヒマラヤ秘教の教えは真理を探究する教えです。それは自分が一体どこから来たのか、何をするために来たのか、何をしたらいいのかを知るための旅です。

ただ、食べて寝るために生きているとむなしいのです。人間は心が発達して便利さを作り出し、より良い衣食住がもたらされてきました。しかし、今なお苦しみが伴っています。それらを超えていくには、本質の自分を知りたい、自分の本当の親を知りたい、そのために見えない自分の奥深くへ、内側へ「旅」をする必要があります。

人の関心は常に外側を向いています。生きるために感覚が働きます。目も耳も鼻も、さらには舌、あるいは皮膚は、外側からの情報を取り入れます。何か危険を察知します。情報は心に伝わり、欲望を発生させます。そこで願いが叶ったり、あるいは願い

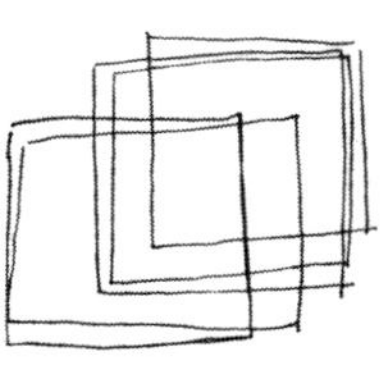

が叶わず寂しさや苦しさも記憶として蓄積してきました。

心は多くのことを記憶してカルマを積んできました。心は欲望でいろいろくっつけ、本来の姿である魂、本当の自分が、それによって曇ってしまいました。その曇りを取り除き、本来の自分になるために、内側への旅をします。私たちを生かしめている根源の存在へと、旅をするのです。そのことで、すべてがわかるのです。

私たちは、心と体と魂の小宇宙です。宇宙と同じ素材でできています。土の体、水の体、火の体、風の体、空の体という五つの体と、音の体と光の体と、何層にもわたる、いわば波動の家のようなものです。

ここを旅するには、混乱した心をきれいにするために行為を良いものにします。さらに、瞑想によって自分を浄めなければならないのです。

内側への旅は未だ行ったことのない世界への旅です。どう目的地に到達していくかがわかりません。途中、さまざまな誘惑があるかもしれません。右も左もわかりません。マスターの正しいガイドがあって初めて旅ができるのです。

自己流で勝手に行うと、過去のこだわりの否定的なエネルギーや悪魔が出てくることもあるかもしれません。いろいろなものが見えたり、聞こえたり、それらに囚われると道を間違ってしまうかもしれません。未知の体験があります。金縛りに遭ったり、悪いイリュージョンが出ることもあります。神秘体験によって、体が硬直したり、柔らかくなって水のようになることもあります。これらの途中のことに囚われず、真理を信じてそれらを超えていきます。

悟りのマスターの純粋なエネルギーを信じることで、溶けるために発生する否定的な悪いものを引き寄せないようになります。過去生からの否定的な何かが目覚め、そちらに引っ張られると大変です。常に愛と無心を選択し、欲をかかないことが大切です。エゴのために修行してはいけません。興味本位もよくありません。

信頼をしないで行ったり、心の働きが強いままでは、せっかく旅をしようとしても、真理が遠くなって、何も見えず何も体験できずに終わってしまうでしょう。

私たちは、
心と体と魂の小宇宙。
外側へ目を向けるのをやめて、
自分の内側へ「旅」をする。

魂

本当の自分とは、「魂」です。魂といっても肉体が活動している魂は心を使って生きていて、そこに積み重なった心の働きや記憶（カルマ）で覆われていて、未だ目覚めていないのです。

ですから、それがどこにあるのかもわからないのです。今あなたは本当の自分を悟るということ、それが真の生まれてきた目的であるということを学んでいるのです。そして実際に知っていくのが、本当の自己を悟る、セルフリアライゼーションなのです。あなたの心と体を浄め整え、執着を取ったときに、魂が現れてきます。それと一体になっていきます。自己を超えてさらにハイヤーセルフ、本当の自己、ブラフマンとなるのです。

自分というと、誰もが漠然と「心」かな、「体」かな、と思っていると思います。心とは一体何なのでしょうか。今まで何をするにも心の命令を聞いてきました。固ま

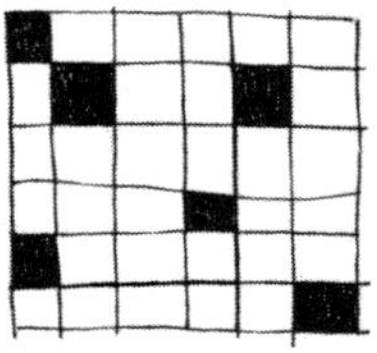

った頑固な心もあります。心が自分の運命を決めていますが、どれをどうすることもできずに心のいうことを聞き、泣いたり笑ったり考えたり、結局心に翻弄されて上がったり下がったりの人生を歩んでいます。

体では常に細胞が生まれ、また死滅します。ストレスをため、やがて年を取って体の寿命がくると、魂は体を脱いで旅立ちます。魂は心の家といわれるアストラル体のなかにあるのです。肉体は分解して消えていきます。

本当の自分は源にあります。宇宙の魂という大いなる源から分かれた個人の魂が自己です。そこからパワーをいただき、それによって体が現れ、感覚が現れ、心が発達していくのです。そして自分という心、身、魂の形になるのです。

インドの哲学に二元の考え方があります。この世界は、「プルシャ」と「プラクリティ」からできています。

プルシャは、源の、生命エネルギーを与える純粋な存在、魂です。目で見ることはできません。プラクリティは、物質の元です。物質を細分化していけば、原子や原子核になり、さらに最終的には波動になります。

それらの目に見えない最小の物質の元にはプラスとマイナスのエネルギーがあり、

それによって引き合い、結合したり、反発したりとさまざまな物質の創造と消滅が繰り返されていきます。そして宇宙が創造されています。

私たちが肉体を持ち、話したり歩いたり考えたりできるのも、物質の元のプラクリティが集まってできているからです。それゆえ、私たちはプラクリティが自分であると思いがちです。目に見える形のあるもの、そして感じられるものがすべてだと思ってしまいます。

肉体は物質です。心も物質です。それは変化します。そこにはいろいろなカルマが積まれ、混乱して曇っています。それらはやがて変化して物質の元に還っていきます。それを生かしめているのがプルシャであり、それは見えない永遠の存在であり、本当の自分です。それに出会い、それを悟っていくには目に見えない、私たちを生かしめているプルシャに気づき、そこに還っていかなければなりません。

魂はプルシャです。本当の自分（魂）とは、サンスクリット語で「アートマン」と言います。偉大なる宇宙の魂「パラマ・アートマン」がプラクリティにエネルギーを与え、私たちは生かされています。

でも、個人の魂「アートマン」は体と心に覆われているので、曇らされています。

いまだ自分が主人であることに目覚めないで、心に乗っ取られている不自由な存在です。死んで体を離れても、心につながっているので、その心の質に向かって、魂そのものになって自由になることができません。自分を心と思い、その心とくっついたままだと、地獄に行くかもしれません。

しかし、ディクシャを受け純粋なエネルギーで浄められると、プルシャは気づき、あなたは内側が目覚め、源のプルシャに強くつながることができるのです。つまり自分自身のアートマン（魂）とつながるのです。その人は信頼して、さらに内側を浄めていくことで心からも体からも自由になり、死ぬときには天国に行くことができるのです。そのつながりを作ってくれるのが、シッダーマスターの悟りからの純粋なエネルギーとその存在なのです。

本当の自分は「魂」にある。
本当の自己を悟ることが、
生まれてきた目的。

愛

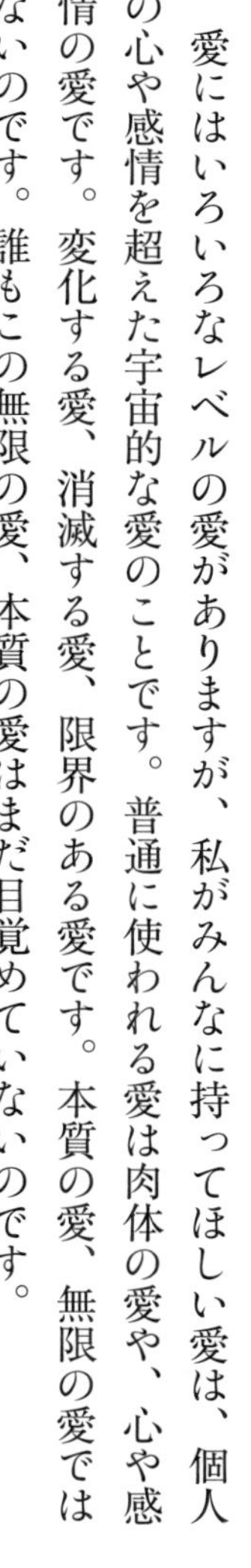

愛にはいろいろなレベルの愛がありますが、私がみんなに持ってほしい愛は、個人の心や感情を超えた宇宙的な愛のことです。普通に使われる愛は肉体の愛や、心や感情の愛です。変化する愛、消滅する愛、限界のある愛です。本質の愛、無限の愛ではないのです。誰もこの無限の愛、本質の愛はまだ目覚めていないのです。

それは心の奥にあります。あなたが本質の愛を理解するのに、それに似た愛があります。母親の子どもに対する無償の愛です。しかし、子どもが大きくなると消えて、所有する愛になっていくのです。本当の愛は源からの純粋な愛です。その愛は万能の力を持っているのです。

その愛を宇宙的愛といいます。その愛には、苦しみを溶かす力があります。安らぎを与える力があります。この宇宙的な愛は心が浄められたときに現れるのです。心の中に怒りや、無知、憎しみや嫉妬があると、愛はそれによって消耗して消えてなくな

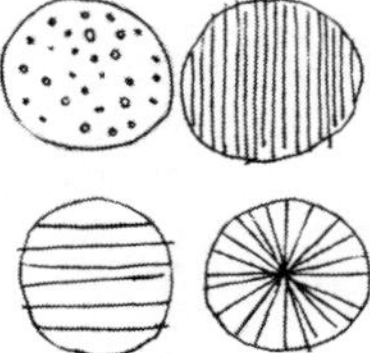

ります。心が考えや価値観、感情で埋め尽くされて曇ってしまいます。宇宙的な愛はハートの奥にあります。ハートを目覚めさせ、愛を使っていきます。無償の愛です。無条件の愛です。思いを外して大きな愛を出していくのです。

心が浄化され、調和がとれ平和になると、満ち足りた感覚になります。人を妬(ねた)んだりうらやましがらずに、不足を思わず、今を受け入れ、満足すると愛と感謝が湧き出ます。相手の幸せを願う気持ちも生まれ、意識が進化して、尊敬や感謝も出ます。

さらに純粋になっていくと、すべてを慈しむ慈愛が湧き出てくるのです。慈愛とは、赤ちゃんを世話する母性の愛のようなものです。夜中に赤ちゃんがぐずれば、母親は眠たくてもオムツを取り替え、お乳をあげます。自分の願いより、子どもの願いを優先します。見返りのない愛を与えます。さらに深い愛が目覚めるとそれは宇宙的な愛になります。それは変化しない愛なのです。

その愛は誰もが深いところに持っているのです。まだ内側が目覚めない通常の愛は変化する愛です。人は愛し合います。与える愛、欲しがる愛です。お互いに引き合い調和すると、心の喜びとなり、心が幸せを感じるのです。しかし、その愛をたくさん深く味わっている最中でも、いつか消えるのではないかと、苦しみと不安がわくのです。心の空洞があり、さみしさがあり満たされないのです。なぜなら心の愛、変化する愛だからなのです。そのつながりはカルマであり、心であり、それらは物質なのです。それは変化し別れが訪れるのです。

夫婦や親子、すべての物とのつながりの愛も、ギブアンドテイクであり、カルマを強め、苦しみを増すのです。環境や価値観が違うと、心とカルマは引き合って束縛し合うか、憎しみ合って心が分離し別れてしまうことにもなるのです。

純粋で永遠なる神様はいつもあなたを支えています。マスターのシャクティパットというエネルギー伝授で、深い変化しない愛を目覚めさせることができます。それによってカルマを浄化して、心の調和を図り、真の愛の道へ進むようガイドします。ディクシャでシャクティパットを受けて真理につながり、自己を信じ、マスターを愛し、神からのパワーと愛をいただきます。「今日も見守ってくださってありがとうございます」と感謝し日々守りをいただいて生きていきます。

そしてすべてをゆだね、安らぎと安心感を受け取ることができるのです。見返りのない愛は、ここから育まれていくのです。

肉体や感情の愛ではなく、
無償の愛、宇宙的な
愛の人になる。

命

人は自分の力で生まれることはできません。神様の力によって生まれ、生かされています。人は何をしてよいのかわからず、生きる目的もわからないことが多いのです。この肉体、この心の満足を願い生きています。衣食住を充実させていきます。しかし、心と体はストレスをためてただ疲れ、年を取っていくのです。いくら物に満たされても、本当の安らぎがないのです。

何のために生まれてきたのか、真の目的を知っているのがヒマラヤの聖者です。あなたが、この世に生まれてきた目的は良いカルマを積んで意識を進化させ、真理を知るためなのです。感覚や心を使って真理に達するのです。永遠の命を得る、不死になり真理を知るために生まれてきたのです。あなたがそのことを受け入れられなくても、それが真理なのです。

心の欲を満足させることは命の消耗であり、やがて苦しみを呼ぶ生き方です。

仏教に「三車火宅の譬え」があります。燃え盛る家の中で、大勢の子どもが遊んでいます。子どもたちは遊びに夢中で家の火事に気づきません。命が危険なのに、家の外にいる父親が「出てきなさい」と叫んでも、子どもたちは聞こうとしません。そこで父親は子どもたちに言います。「お前たちの欲しかった羊の車、鹿の車、牛の車のおもちゃをあげるよ」

すると子どもたちは家から飛び出て命を救われる、というお話です。

人間はみな、この子どもたちのようなものです。肉体や心や感覚の喜びに夢中になるあまり、ボーボー燃えているような状況なのに、まったく気づいていません。みんな、体も心も、欲望と無知と怒りで混乱し、自分勝手なことしかしていない、まるで火事のようなものです。本当の自分につながり、心の牢獄から抜け出し、自由になり、安らぎを得て生きていくのです。

命がどこからやってきたのか。何のために生まれてきたのか。そこを考え、真理を知り、命を得るために祈りと瞑想をすることが、悩み苦しみの火宅から抜け出す第一歩なのです。この人生の目的は永遠の命につながり、それと一体になり、命を輝かせ、安らぎを得る生き方を悟っていくことです。

人は自分の力で生まれる
ことはできない。
神様の力によって
生かされている。

使命

自分を浄めていき深いところに意識を向けると、天から与えられた自らの使命に気づきます。自分のこだわりや、やりたかったことに気づきます。

たとえば、お菓子職人なら、それを食べた人が心も体も健康になって、生きることに潤いを与えるために、お菓子を作ります。

ちょっとしたお茶請けでも、その人が幸せになればという気持ちで作ります。そこに愛を盛り込みます。

おいしいのでみんなが好んで、買ってもらえるようになったら、経済的に潤います。潤ったお金の一部を、さらに自分の心の執着を取るために、またみんなの幸せのために活かす使い方のお布施をします。さらに思いやりの愛を盛り込んで、もっとみんなが幸せになるように、美味しいものを作ります。

するとみんなに喜ばれます。ますます経済的に豊かになります。働く中で人々に喜んでもらえるものを提供することで、自分にも喜びが生まれます。

そのような深い願いでどうしてもやりたいことを行っていきます。併せてその行為がセルフィッシュにならず、精神の成長を促す浄化になるための布施や奉仕を行います。これが使命になります。

さらにマスターのガイドで、あなたの奥深くにある不変の存在に感謝と信頼を寄せて、本当の自分の、本当の願いに向かっていくのです。

使命を果たしながら、純粋な思いやりのある愛を育み、カルマを浄めて、併せて信仰心を養い、真理を悟っていくように向かっていきます。その行為で心も体も整い愛が溢れていきます。調和がとれ、あなたの中が天国になります。生きることが苦しみではなくなります。

日々の生活の中で、進化するために何をしたらよいのか。死ぬときには集めたものは何も持っていかれないことを理解して、生きている間にみんなに喜ばれるものを提供するように、そして本当の自分につながり、本当の人生の目的、真理を知るための生き方をするのです。

みんな生きるために、生きる糧を得るために働きます。でも、単にお金のために働くのではありません。本当の意味で人間性を高めるため、意識を高めるために働きます。そのためには真理を目覚めさせていきながら、またこの世界で生きていくことができるように働きます。

生命力を目覚めさせ、知恵と愛が湧くために真理に向かいます。苦しみながらではなく、学びながら悟りを目指し生きていきます。自分の役割をこなしながらです。そして、社会のために役立つ知恵や愛をシェアします。それは真理と調和に基づいた社会にするのです。心の葛藤に翻弄されない、無駄なもののない、住みやすい社会になります。

一人ひとりが使命を知り、さらに最高の使命を知り、意識が変われば、もっともっと美しい社会になっていくはずです。

社会のために
自分の役割を果たす。
やりたいことから、
自分の使命を考える。

無知

運命は、欲望とエゴと無知の心に翻弄されています。こうした心はカルマで作られ、悪い運命を引き寄せます。

無知とは知識がないということではなく、本当の自分が誰なのか知らないことです。心が自分と思い、その思いに翻弄されて自分勝手になり、人を傷つけます。セルフィッシュな考えを持ちます。人をジャッジし、人を下に見ます。傲慢になります。でも、回り回ってそれらが自分に降りかかり、今度は自分が不幸な目に遭っていくのです。

無知は気づきがなく、悪い運命を引き寄せる人になるのです。多くの人が、大なり小なり、無知ゆえに悪い運命を引き寄せています。欲望に振り回されているのです。

運命を変えたければ、正しいカルマを積むことです。良い行為を重ねます。他人を傷つけず、平等な心で見ます。他人を助け幸せにします。功徳を積むのです。

良い原因を作っていけば、良い結果が訪れます。悪い原因は悪い結果になります。

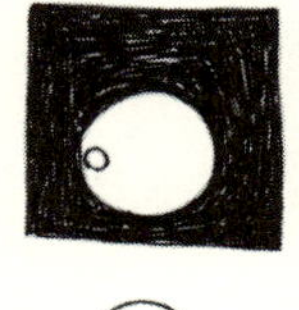

これがカルマの法則、因縁の法則です。

運命には、設計図があります。あなたが歩む人生では、砂漠を歩いた時と同じように足跡がずっと深く刻まれます。過去生からの記憶は心に刻まれていて設計図となり、その中にすべての人生がプランされています。何も知らずに生きていれば、その設計図に忠実に、心と体の望みに翻弄されてカルマを積んで生きて、ストレスをためて消耗し、生から死への旅をしてカルマを積んで無知のまま死んでいきます。

しかし、シッダーマスターとの縁で高次元のエネルギーに目覚めることができます。そして良いカルマにシフトでき、過去の記憶のカルマを浄化してそれを溶かし、そこから切り離されて、自由になるのです。そして、良いカルマを積むことができるのです。シッダーマスターの悟りからの純粋なエネルギーがきっかけとなり、運命を変えることができます。その結果、良いエネルギーにつながり、楽に良い行いを選択できます。そして、良いカルマを積んで、次第に運命は変えられます。絶えず良いカルマを積むような人生にすれば、設計図も変えられるのです。

身（しん）、口（く）、意（い）という言葉があります。

「身」は体（行為）、「口」は言葉、「意」は思いです。身、口、意のカルマを浄めて良い行為をしていきます。気づきを持っていきます。自分が今どんな行為をしているのか、どんな思いを持っているのか、どんな言葉を使っているのかと気づきます。愛ある行為の選択で運命が変わってくるのです。

しかし、過去のカルマ、また過去生のカルマはすでに積まれてしまったものです。本来、自分で変えることはできません。

でも、これからのカルマは変えられます。マスターの縁で良いエネルギーにつながり意識を覚醒させていきます。自分が何をしているかに気づきます。潜在意識まで覚醒していきます。心が浄まって運命が次第に変わっていきます。シッダーマスターは悟りを得て、運命を変える力を与えられたのです。

最も大切なことは、神を信じ、マスターを信じることとです。それによって、祝福を受けて心につながらず、楽に良い運命が開かれるのです。

無知とは、本当の自分を悟っていないこと、そしてカルマを積む生き方をすることです。人は無知から、良いカルマを積んで光への道を歩むために生まれてきたのです。

運命を変えたければ、
正しいカルマを積む。
良い原因から、
良い結果は生まれる。

幸福

真の幸福とは何でしょうか。それはその人が本当に成長して平和で愛の人になり、失われない豊かさを持つということです。それが真の幸福です。

一般の幸福は感覚の喜びや、心の喜びで、変化する喜びです。一過性の喜びでやがて失われる喜びの幸福なのです。

欲望を満たしてものを集めます。その時は幸福感があります。社会的地位を得ます。幸福感があります。そして一生懸命に能力を高めます。これらを得られれば幸せになれると思っています。誰もがそう思って生涯奔走しています。

すべて、エネルギーの消耗でしかないのです。そうして集めたものはこの世界に置いていくコレクションなのです。そして消耗したあなたは頑固になったり、心の喜びの幸福感もつかの間であり、また何か満ち足りない感覚に浸るのです。

もちろん、一時的であっても感覚の喜び、心が嬉しい体験があります。しかし、そ

れはカルマを積みます。それは欲望を満足させる一時的なものです。「欲しい、欲しい」でカルマを積んでいるだけなのです。そこに無知や怒りがあり、心の中に次第にしこりを作り、否定的な心を積んでいくのです。

真の幸福を得るにはどうしたらいいのでしょうか。今まで幸福と思ったものは心や感覚の一瞬の喜びであり、すぐに消え去るのです。手にしたものに依存して執着を作り、それで何か存在している気がするまやかしであり、やがて手放さなければならないものです。それは依存であり、儚い(はかな)ものです。

あなたは永遠の変化しない、本質を手に入れるのです。それはあなたが本当は誰であるのかを知っていくことです。あなたの中に満ちた存在があり、すべてを与える存在があるのです。それがわからずに外に求めています。それがどこにあるのか知らないで、いろいろな先生のところを訪ねたりしています。

そして一時的な幸せを与える刺激を求めるのです。心の欲望の言いなりになり、その願いを叶えるための努力をしています。それは単に体と心を満足させる欲望なのです。魂は満足をしないのです。心身を使いエネルギーがどんどん消耗してストレスをため込み疲弊して、年を取っていくのです。

真の幸福を得るには、あなたはそれをよく知るマスターに出会い、内側を目覚めさせていただきます。それがディクシャを拝受することです。悟りのエネルギーで内側が目覚め、カルマを浄められるのです。そして、あなたの生き方が全く逆になるのです。今までは欲望によっていろいろ欲しがり集める生き方をしていたのですが、そこから方向転換して、自分自身から愛をシェアする、太陽のように光を与える生き方に変えます。源につながればそれができるのです。今までは受け取るばかりでした。これからは無償の愛をシェアしていくのです。

源の純粋な存在は太陽です。そこからの愛を放つのです。そのために、執着を手放す生き方をします。奉仕をします。布施をします。無償の愛です。見返りを期待しないのです。みんなが成長するための奉仕と布施です。

心を空っぽにする純粋になる生き方です。周りの人が癒されます。周りからの感謝や喜びが自分に返ってきます。そしてあなた自身のカルマが浄まり、愛が強くなり、悟りに近づいていくのです。この新しい生き方は一人ではできないのです。なぜならあなたのカルマは過去からずっと数珠(じゅず)のようにつながり、そこから外れられないのです。悟りのマスターとの縁で、内側を変容することで、新しい生き方、瞑想が起きるのです。そして愛の選択ができるのです。

みんなに愛をシェアしましょう。親切にして、みんなに喜んでもらえるようなことをしましょう。

心で行う演技ではない行為です。見返りを期待する心の親切は押し付けがましいのです。目覚めをいただいた本質の愛で行為することができます。宇宙的愛を引き出す修行をします。あなたの奥に純粋な本質があり、そこにつながるのです。

心は比較し疑い、怒り、悲しみ、嫉妬をして常に愛を受け取りません。心を掻き曇らせるのです。高次元の存在につながることで、今までのカルマを積極的に理解することで外れていくのです。伝授をいただくヒマラヤ秘教の叡智や各種のヒマラヤ秘法や秘法瞑想がどんどん心と体の曇りを浄化します。

仕事をするときは、感謝して、愛を出して、楽しみながら働きます。ヒマラヤシッダー瞑想をして充電します。ストレスがなくなり、曇りが取れます。純粋で光に満ちたサットバの状態になっていきます。ヒマラヤシッダー瞑想は段階を追って、あなたの深い曇りを取り除いていく究極の幸せです。そのほか叡智の学びや、最速で変容させる各種ヒマラヤクリヤ秘法などがあります。

刺激を求めてウロウロする生き方は疲れるだけです。何かの地位を得て、褒められる喜びも、エゴの喜びです。それは悟ることとは違います。心の喜ぶ生き方を繰り返しても、あなたのカルマを浄めることはできないのです。

本質的な生き方をすれば、意識が覚醒し、心も体も純粋になり、意識が高まり軽やかになります。カルマを積まない生き方、真の自由になる生き方です。

カルマを超えたところにあるのが真の幸福です。それは本当の自分になる生き方、ヒマラヤ聖者が教える、真の幸福になるための生き方なのです。

エゴの喜びは一時的。
心も身体も純粋にして
悟ること、
真の幸福の生き方をする。

終わりに

あなたは真理の言葉により浄められます。今までの心の体験から発する言葉と違います。ディバイン、神聖なところからのメッセージです。それは愛のレベル、叡智のレベル、力強い生命エネルギーのレベルからのメッセージです。深いところに響いて、次第に理解を深めます。

まだ実感がない言葉がありますが、あなたが純粋になることで気づきが増していくでしょう。純粋になることで、心の欲望から解放され、今にいて、すべてを鳥瞰して苦しみに巻き込まれず、愛と慈しみで、すべての現象を見ることができるのです。

なんであんなに苦しんでいたのか。なんで怒っていたのか。なんで疑っていたのか。曇った心がすべてを混乱させ、自分を信じることができず、人を信じることができなかったのです。

あなたは自分を信頼します。ヒマラヤの恩恵によって、あなたの中の素晴らしさを発見します。真理に達し、真の安らぎを得ることができるのです。

ヒマラヤ聖者からの直接のガイドがあなたを楽に進化させ、この本の教えを実感できるのです。あなたは変わり、すべてが満たされるのです。最高の人間になっていくことができるのです。

この本の知識があなたから生み出されるように、単に心の理解ではなく、魂の理解になりますように。

あなたが私とディクシャでつながることで、すべて運命が変わり始めます。

私はあなたの意識を進化させるために生まれてきたのです。

私はそれを起こすために、ヒマラヤの叡智を実際にみんなに実感させる手伝いをするために、ヒマラヤから派遣されたのです。

ヨグマタ相川圭子

2019年7月

【著者紹介】

ヨグマタ相川圭子（ヨグマタ アイカワ ケイコ）

女性として史上初の、インド政府公認シッダーマスター（サマディヨギ／ヒマラヤ大聖者のこと）であり、現在、一般社会で会うことのできる世界でたった二人のシッダーマスターのひとり。仏教やキリスト教の源流である5000年の伝統を持つヒマラヤ秘教の正統な継承者。1986年、伝説の大聖者ハリババジに邂逅。毎年ヒマラヤの秘境で修行し、死を超え、そこに何日間もとどまる最終段階のサマディに到達し究極の真理を悟る。神我一如、最終解脱をはたす。1991〜2007年、計18回インド各地で世界平和と愛をシェアするための公開サマディを行う。2007年、精神指導者の最高の称号「マハ・マンダレシュワル（大僧正）」を授かる。日本にて30代から約40年にわたり、読売、朝日、NHKのカルチャーセンターなどでヨガ教室を指導・監修、および真の生き方を講演する。シッダーディクシャを伝授し、ヒマラヤシッダー瞑想の伝授と研修、合宿を行う。欧米でも同様に行う。2016年6月と10月、2017年5月に国連の各種平和のイベントで、主賓としてスピーチをする。2019年5月、インドのムンバイにてインド映画界における最高位の映画賞、ダーダーサーハバ・パールケー賞の授賞式にて世界平和賞を受賞。

主な著書に『あなたは答えを知っている』『ヒマラヤ聖者の太陽になる言葉』（河出書房新社）、『思った以上の人生は、すぐそこで待っている』（大和書房）、『宇宙に結ぶ「愛」と「叡智」』（講談社）、『ヒマラヤ大聖者の人生を変える瞑想』（宝島社）、『ヒマラヤ大聖者のマインドフルネス』（幻冬舎）など。他にNHK・CDセレクション『ラジオ深夜便 ヨガと瞑想の極致を求めて』などがある。

＊問い合わせ先
ヨグマタ相川圭子主宰　サイエンス・オブ・エンライトメント
ＴＥＬ：03-5773-9875（平日10時〜20時）
ＦＡＸ：03-3710-2016（24時間受け付け）
ヨグマタ相川圭子公式ホームページ　http://www.science.ne.jp/

カバー写真
©Yusuke Akiyama / a.collectionRF / amanaimages

ヒマラヤ大聖者の心を癒すことば

2019年 9 月18日　第1刷発行
2019年10月 2 日　第2刷発行

著　者　　ヨグマタ相川圭子

装　丁　　長坂勇司（nagasaka design）
イラスト　　石村ともこ
本文デザイン　　トモエキコウ（荒井雅美）
本文組版　　株式会社キャップス
編集協力　　藤原千尋
編　集　　野本有莉

発行者　　山本周嗣
発行所　　株式会社文響社
〒105-0001
東京都港区虎ノ門2丁目2-5
共同通信会館9F
ホームページ　http://bunkyosha.com
お問い合わせ　info@bunkyosha.com
印刷・製本　　中央精版印刷株式会社

本書の全部または一部を無断で複写（コピー）することは、著作権法上の例外を除いて禁じられています。

購入者以外の第三者による本書のいかなる電子複製も一切認められておりません。定価はカバーに表示してあります。

©2019 Keiko Aikawa

ISBNコード：978-4-86651-141-2 Printed in Japan
この本に関するご意見・ご感想をお寄せいただく場合は、郵送またはメール（info@bunkyosha.com）にてお送りください。